Zahlenzauber 1

Arbeitsheft
für die Grundschule

Allgemeine Ausgabe

Erarbeitet von
Bettina Betz
Angela Bezold
Ruth Dolenc-Petz
Carina Hölz
Hedwig Gasteiger
Petra Ihn-Huber
Christine Kullen
Elisabeth Plankl
Beatrix Pütz
Carola Schraml
Karl-Wilhelm Schweden

Unter Beratung von
Juliane Leuders

Illustriert von
Mathias Hütter
Renate Möller

Ich bin Bim.

Ich bin Simsala.

Und ich bin Eulalia.

Oldenbourg Schulbuchverlag, München

Ergebnisse überprüfen

In diesem Heft findest du ein **Lösungsheft**.
So kannst du damit arbeiten:
Fülle alle Aufgaben einer Seite komplett aus.
Wenn du nachgerechnet hast, darfst du mit dem Lösungsheft vergleichen.

Zeichenerklärung

⭐	Aufgaben für Mathe-Experten
	Offene Aufgaben
📖	Schreibe die Aufgabe in dein Lerntagebuch.
SB S. 4/5	Vergleiche dazu diese Seite im Schulbuch.
Grundwissen-Seiten	Das solltest du wissen.
Bist-du-fit-Seiten	Hier kannst du noch üben.

Farberklärung

Zahlen und Operationen
Zahlbeziehungen formulieren
Zahlen strukturiert darstellen

Zahlen und Operationen
Plus- und Minusrechnen bis 20
Plus- und Minusrechnen bis 100
Malnehmen und Teilen

Sachsituationen

Größen und Messen

Daten, Häufigkeiten, Wahrscheinlichkeiten

Raum und Form

Grundwissen/Bist-du-fit?

Inhaltsverzeichnis

① Male.

5 ⭐	7 🔵	0 🐦	8 ❤️
☆ ☆ ☆ ☆ ☆			

6 🍎	5 🐟	3 🚗	2 🍄

② Kreise ein.

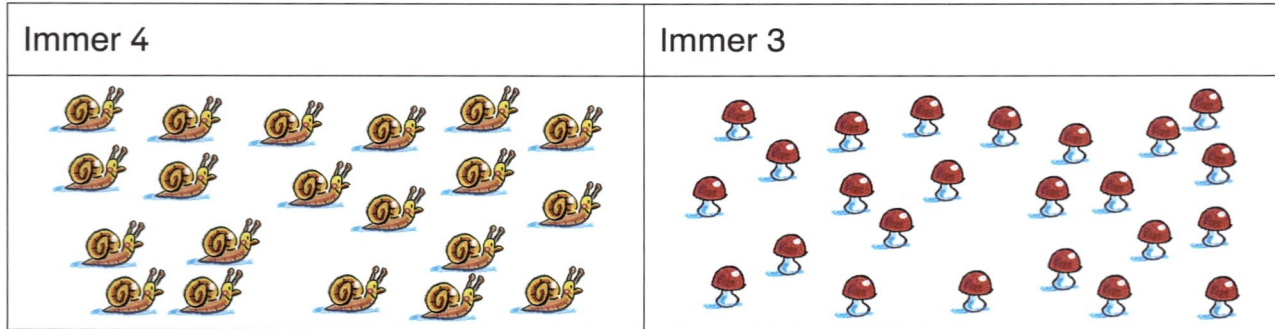

0	1	2	3	4	5	6	7	8	9

① Male.

5 ⭐	7 ●	0 🐔	8 ♥
☆☆☆ ☆☆	🔴🔴🔴 🔴🔴🔴🔴		♥♥♥ ♥♥♥ ♥♥

6 🍎	5 🐟	3 🚗	2 🍄

② Kreise ein.

Immer 6 / **Immer 5**

Immer 4 / **Immer 3**

Immer 8 / **Immer 7**

0	1	2	3	4	5	6	7	8	9

4

① Wie viele sind es? Zähle und schreibe auf.

🦑	⊢⊢⊢⊢ ‖	7
🐠	‖‖‖ ‖‖‖	9
🐚	‖‖‖‖‖	5
⭐	‖‖‖	3
🦐	‖‖‖‖‖ ‖‖‖	8
🐟	‖‖‖	3

🐢	‖	1
💍	‖‖‖‖	4
⭕	‖‖	2
🔑		0
z. B. 🐟	‖‖‖	3
z. B. 👑	‖	1

5

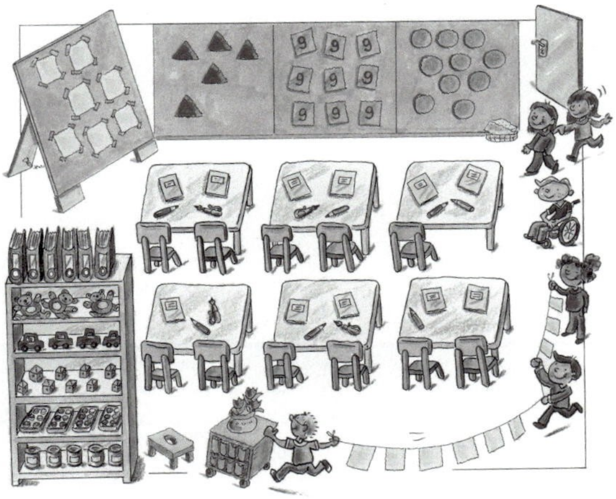

① Wie viele sind es? Zähle und schreibe auf.

🪟	⊢⊢⊢⊢ ‖	7
🐸	‖‖‖	3
🎲	‖‖‖‖	4
🟢	‖‖‖‖ ‖‖‖‖	9
✏️	‖‖‖ ‖‖‖‖	7
🎒	‖‖‖ ‖‖‖	6
🎲	‖‖‖‖ ‖‖‖‖	9
🎩	‖‖‖‖‖	5

🚗	‖‖‖‖	4
🔺	‖‖‖ ‖‖	5
🚪	‖‖‖ ‖	6
🧍	‖‖‖ (Mädchen)	3
🪑	‖‖‖ ‖‖‖‖	9
🪑	‖‖‖ ‖‖‖ ‖‖	12
🖼️	‖‖‖ ‖‖‖ ‖	11
z. B. 🎁	‖	1

8

---

① Vervollständige die Schüttelergebnisse. Male und schreibe auf.

a) **5**

$4 + 1$ · $1 + 4$ · $3 + 2$

Eine Schüttelschachtel hilft dir.

b) **7**

$5 + 2$ · $7 + 0$ · $4 + 3$

② Suche alle möglichen Schüttelergebnisse. Male und schreibe auf.

a) **6**

$3 + 3$ · $4 + 2$ · $2 + 4$

$5 + 1$ · $1 + 5$ · $6 + 0$ · $0 + 6$

b) **10**

$5 + 5$ · $6 + 4$ · $4 + 6$

$7 + 3$ · $3 + 7$ · $8 + 2$ · $2 + 8$

$9 + 1$ · $1 + 9$ · $10 + 0$ · $0 + 10$

9

Schüttelschachteln ②

① Verbinde.

6   10   7   9

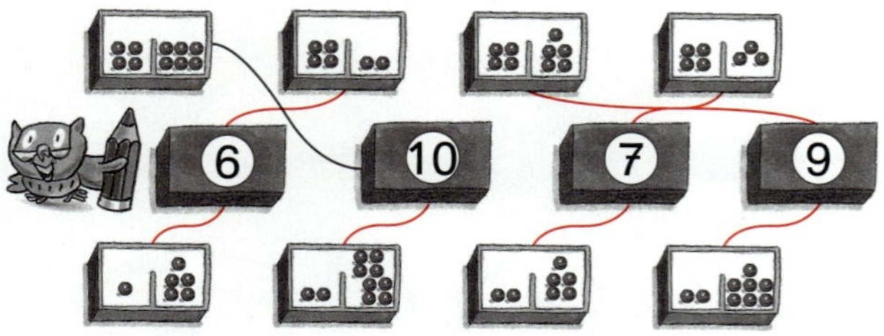

② Finde die richtigen Zerlegungen.

4	**5**	**6**	**8**
2 + 2	3 + 2	5 + 1	3 + 5
1 + 3	1 + 4	3 + 3	4 + 4
0 + 4	2 + 3	4 + 2	2 + 6
3 + 1	5 + 0	0 + 6	8 + 0
4 + 0	4 + 1	1 + 5	1 + 7

③ Färbe passend zum Hut.

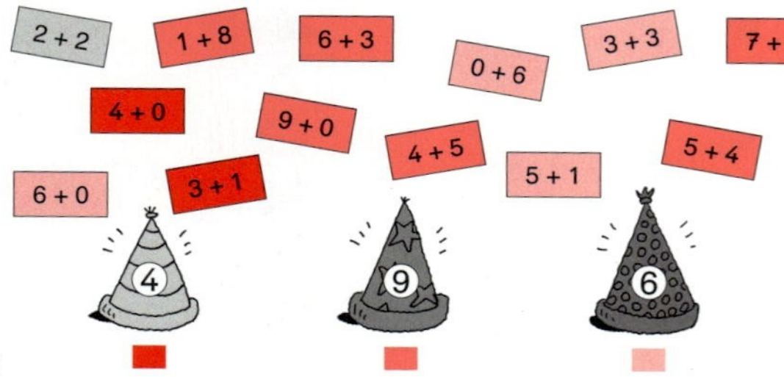

2 + 2   1 + 8   6 + 3   0 + 6   3 + 3   7 + 2
4 + 0   9 + 0   4 + 5   5 + 1   5 + 4
6 + 0   3 + 1

Hüte: 4   9   6

10

Rechts oder links

① Male an: linke Hand lila, rechte Hand rot.

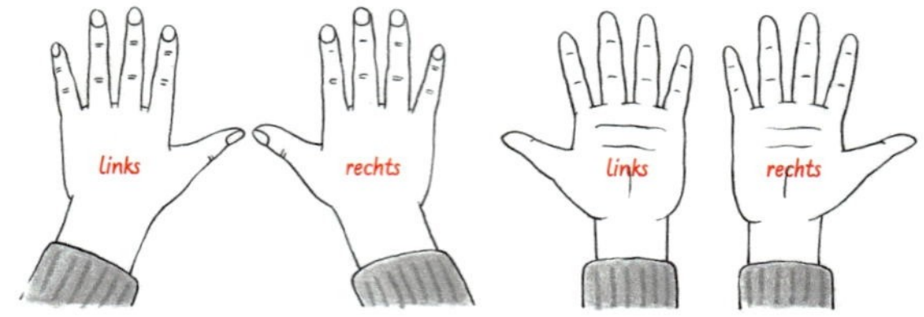

links   rechts   links   rechts

②  Male an:

die rechte [Hand]
den linken [Fuß]
das rechte [Ohr]
das linke [Bein]

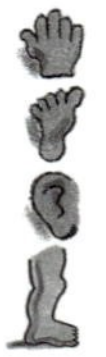

Und wie ist es hier?

③ Welche Farbe kommt als erste an?

L B G O R
R O G B L
L B G O R
R O G B L

Welche Kugel ist hier vorn?

Und hier?

11

Über oder unter ...

① Was liegt ...?

über

unter

zwischen

links von

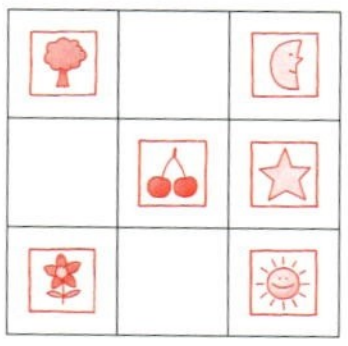

rechts von

② Zeichne ins Neunerfeld.

Mitte: [Kirschen]
oben rechts: [Mond]
unten links: [Stern]

unten rechts: [Sonne]
Mitte rechts: [Stern]
oben links: [Baum]

12

Viele Schätze schnell gezählt

① Zähle auf einen Blick.

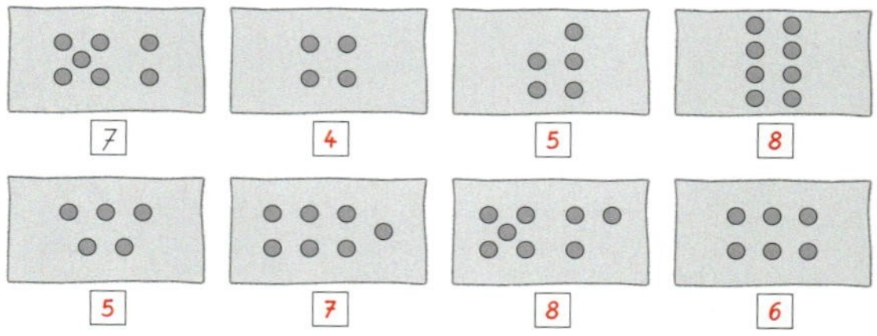

7   4   5   8

5   7   8   6

② Verbinde.

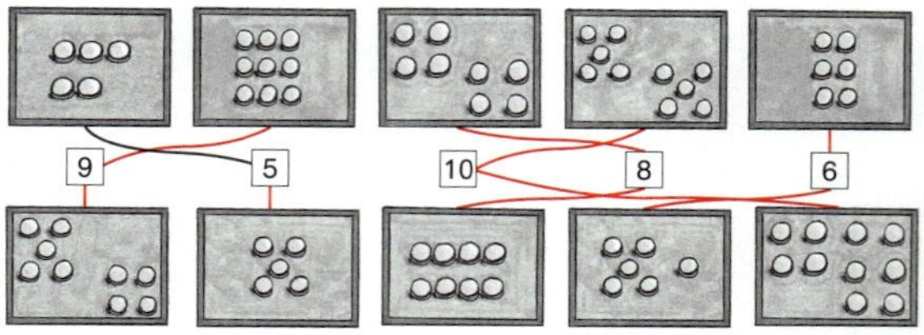

9   5   10   8   6

③ Zeichne so, dass du auf einen Blick zählen kannst. Finde eine zweite Möglichkeit.

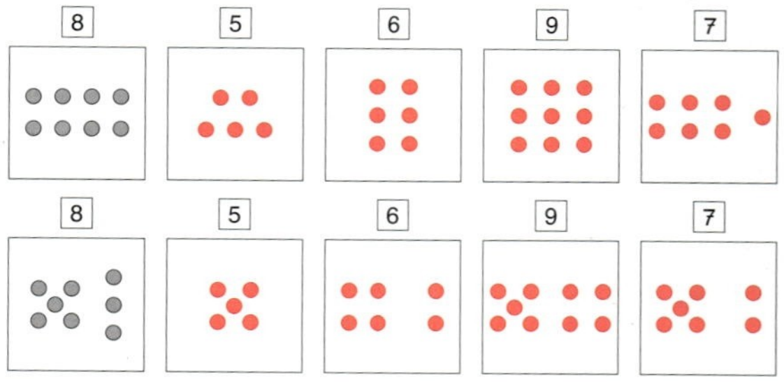

8   5   6   9   7

8   5   6   9   7

13

Zahlen blitzschnell erkannt
SB S. 16/17

① Kreise mit der richtigen Farbe ein.

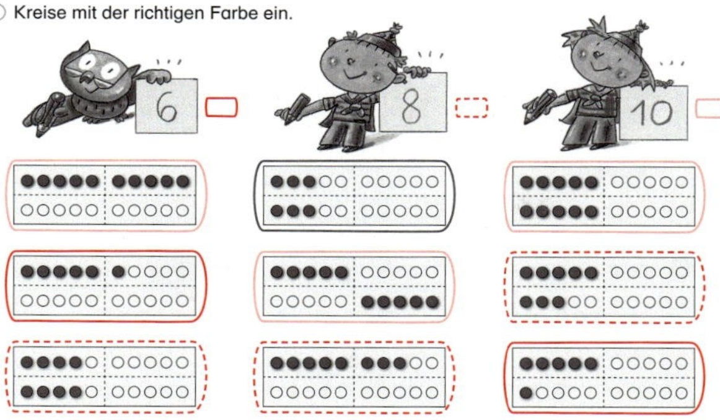

② Wie viele Plättchen sind es?

10	10	5
8	8	10
9	7	6

★ ③ Wie viele Plättchen sind versteckt?

5	9	10
7	4	10

Immer 10 – Entdecken und begründen
SB S. 18/19

① Immer 10:
Male in blauer Farbe dazu und schreibe auf.

10: 7 + 3	10: 6 + 4
10: 5 + 5	10: 1 + 9
10: 4 + 6	10: 8 + 2
10: 2 + 8	10: 0 + 10

② Wie viele Zerlegungen gibt es? Schreibe sie auf.

1	7	8	9	10
0 + 1	0 + 7	0 + 8	0 + 9	0 + 10
1 + 0	1 + 6	1 + 7	1 + 8	1 + 9
2 Zerlegungen	2 + 5	2 + 6	2 + 7	2 + 8
	3 + 4	3 + 5	3 + 6	3 + 7
	4 + 3	4 + 4	4 + 5	4 + 6
	5 + 2	5 + 3	5 + 4	5 + 5
	6 + 1	6 + 2	6 + 3	6 + 4
	7 + 0	7 + 1	7 + 2	7 + 3
	8 Zerlegungen	8 + 0	8 + 1	8 + 2
		9 Zerlegungen	9 + 0	9 + 1
			10 Zerlegungen	10 + 0
				11 Zerlegungen

Was fällt dir auf?

Wir vergleichen: größer – kleiner – gleich
SB S. 20/21

① Setze die Zahlen ein und vergleiche mit >, <, =.

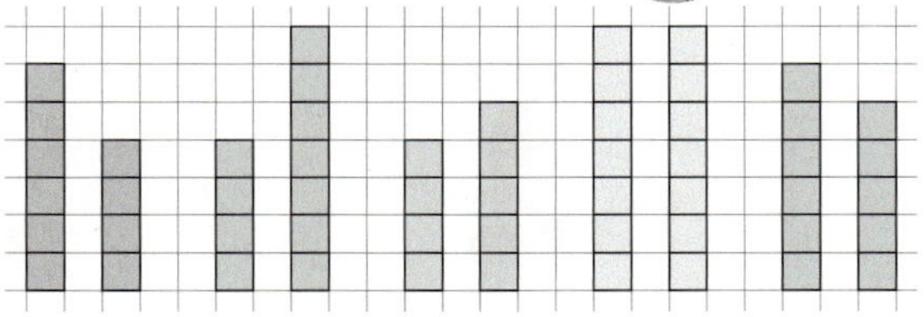

6 > 4 4 < 7 4 < 5 7 = 7 6 > 5

② Zeichne und setze ein: >, <, =.

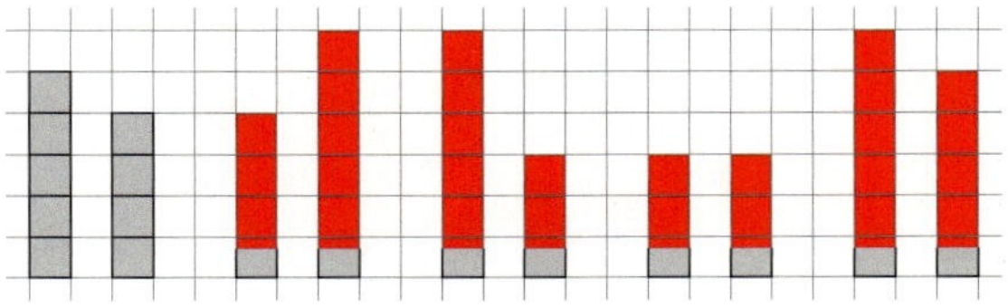

5 > 4 4 < 6 6 > 3 3 = 3 6 > 5

③ Vergleiche mit >, <, =.

a)

3 < 8	7 < 8
4 < 8	8 = 8
5 < 8	9 > 8
6 < 8	10 > 8

b)

5 < 6	9 < 10
6 > 5	9 = 9
5 = 5	10 > 9
6 = 6	10 = 10

c)

2 > 0	4 > 3
2 > 1	3 = 3
2 = 2	2 < 3
2 < 3	1 < 3

d)

1 < 9	0 < 5
8 > 2	10 > 3
3 < 7	4 < 9
6 > 4	7 = 7

Zahlen stechen
SB S. 22/23

① Wer gewinnt? Markiere ✓.

Agata		Leon
✓ 3	>	2
✓ 5	>	4
3	<	4 ✓
✓ 6	>	1

Marek		Amelie
5	<	6 ✓
✓ 4	>	3
6	<	8 ✓
9	=	9

Anna		Franz
7	<	9 ✓
10	=	10
6	<	7 ✓
✓ 5	>	0

Jule		Erkan
3	=	3
✓ 5	>	0
4	<	6 ✓
10	=	10

Hannah		Max
7	<	9 ✓
6	=	6
✓ 10	>	8
1	<	10 ✓

★

Lisa		Stefan
12	<	15 ✓
✓ 13	>	11
8	<	9 ✓
✓ 1	>	0

② Mit welcher Zahl gewinnst du …

a) gegen die 4?	b) gegen die 2?	c) gegen die 6?	d) gegen die 7?
5 > 4	3 > 2	7 > 6	8 > 7
6 > 4	4 > 2	8 > 6	9 > 7
7 > 4	5 > 2	9 > 6	10 > 7
8 > 4	6 > 2	10 > 6	11 > 7

③ Mit welcher Zahl verlierst du …

a) gegen die 4?	b) gegen die 8?	c) gegen die 6?	d) gegen die 10?
3 < 4	7 < 8	5 < 6	9 < 10
2 < 4	6 < 8	4 < 6	8 < 10
1 < 4	5 < 8	3 < 6	7 < 10
0 < 4	4 < 8	2 < 6	6 < 10

❶ Zahlen blitzschnell erkannt.

6   10   8

6   9   7

❷ Immer 10: Male und schreibe auf.

10
4 + 6

10
3 + 7

10
10 + 0

10
6 + 4

10
9 + 1

10
2 + 8

10
5 + 5

10
7 + 3

❸ Welche Zahl fehlt? Male und schreibe auf.

5 | 5
2 + 3
4 + 1
1 + 4
3 + 2
0 + 5

6 | 6
3 + 3
2 + 4
6 + 0
5 + 1
4 + 2

4 | 4
2 + 2
0 + 4
3 + 1
1 + 3
4 + 0

❶ Zahlen blitzschnell erkannt.

8   7   9

8   5   4

❷ Immer 10: Male und schreibe auf.

10
7 + 3

10
5 + 5

10
8 + 2

10
1 + 9

❸ Zerlege und setze fort. Schreibe alle möglichen Aufgaben in dein 📖.

9
9 + 0
8 + 1
7 + 2
6 + 3

8
2 + 6
4 + 4
6 + 2
8 + 0

10
5 + 5
4 + 6
3 + 7
2 + 8

7
6 + 1
5 + 2
4 + 3
3 + 4

❹ Vergleiche mit (>), (<), (=).

a)
7 > 3
5 > 1
9 = 9

b)
8 > 7
10 > 2
6 > 5

c)
4 < 6
2 < 8
9 > 3

d)
10 = 10
7 > 5
3 < 4

① Wer spielt mit welchem Ball? Fahre mit verschiedenen Farben nach.

② Was kauft Lisa ein? Fahre nach und kreuze an ☒.

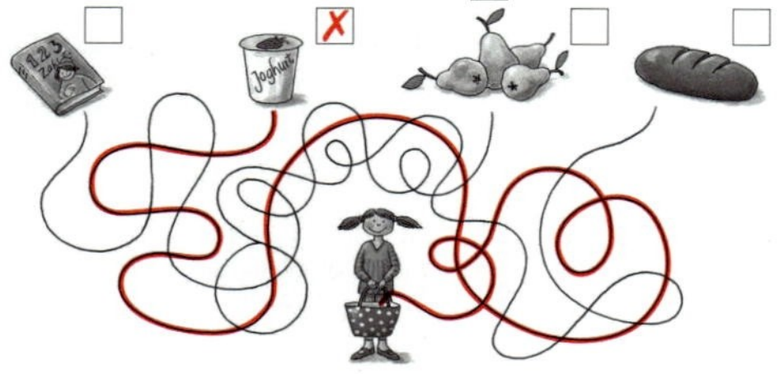

③ Wie kommt Paul zum Haus? Zeichne seinen Weg ein.

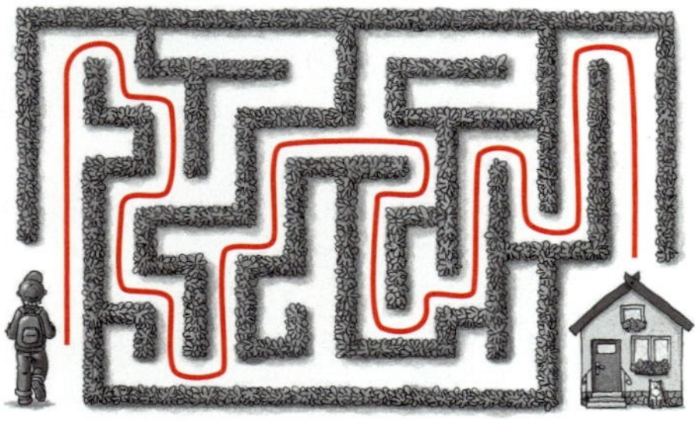

① Findest du Bonbon und Schraubenzieher? Male sie an.   Findest du Schuh und Krone? Male sie an.

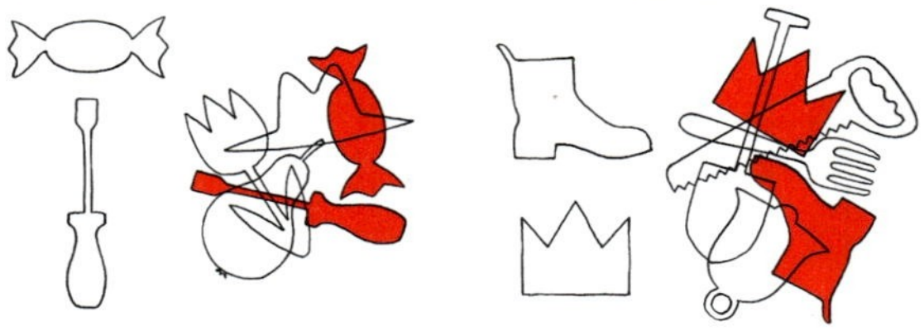

② Male gleich große Kreise in derselben Farbe an.

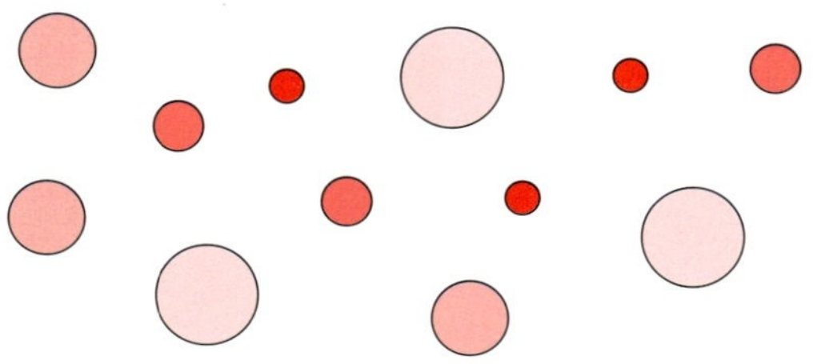

③ Male Dreiecke △ an.

Dazulegen oder wegnehmen ①

① Male dazu oder streiche weg.

a) 8   b) 5   c) 7

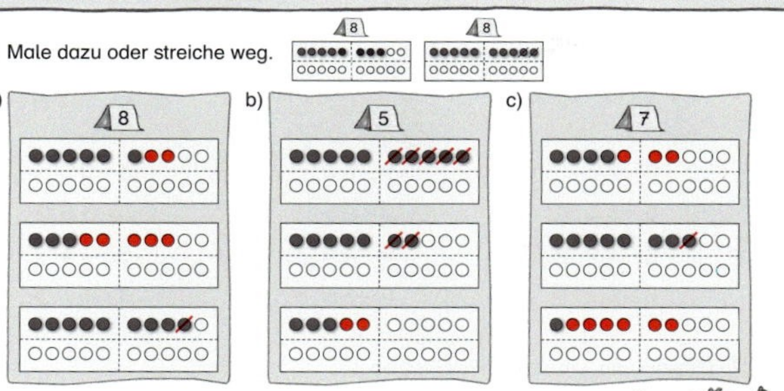

② Wie viele Plättchen sind es dann? Male und schreibe auf.

1 dazu → 6
5 weg → 3

2 dazu → 5
3 weg → 3

3 dazu → 4
2 weg → 2

4 dazu → 6
4 weg → 5

2 dazu → 10
1 weg → 6

23

Dazulegen oder wegnehmen ②

① Wie heißt die Rechnung?

a) $3 + 4 = 7$ b) $8 - 2 = 6$ c) $7 - 4 = 3$

$4 + 5 = 9$ $6 - 3 = 3$ $4 - 3 = 1$

$4 + 1 = 5$ $10 - 5 = 5$ $2 + 6 = 8$

$5 + 3 = 8$ $7 - 1 = 6$ $1 + 6 = 7$

② Male und rechne.

$2 + 5 = 7$ $5 - 2 = 3$ $6 - 4 = 2$

$8 - 1 = 7$ $5 + 4 = 9$ $3 + 1 = 4$

$8 + 2 = 10$ $4 - 3 = 1$ $10 - 5 = 5$

$7 - 2 = 5$ $3 + 2 = 5$ $7 + 3 = 10$

24

Plus- und Minusrechnen

① Lege mit deinen Plättchen und rechne.

$2 + 5 = 7$

$2 + 5 = 7$	$7 + 1 = 8$	$3 + 6 = 9$
$6 + 1 = 7$	$4 + 2 = 6$	$5 + 5 = 10$
$3 + 0 = 3$	$1 + 3 = 4$	$1 + 4 = 5$
$8 + 2 = 10$	$5 + 4 = 9$	$7 + 3 = 10$
$5 + 3 = 8$	$6 + 2 = 8$	$8 + 0 = 8$

② Lege mit deinen Plättchen und rechne.

$7 - 4 = 3$

a)	b)	c)
$7 - 4 = 3$	$10 - 5 = 5$	$9 - 9 = 0$
$6 - 3 = 3$	$10 - 7 = 3$	$3 - 2 = 1$
$8 - 4 = 4$	$8 - 5 = 3$	$7 - 3 = 4$
$9 - 6 = 3$	$4 - 3 = 1$	$8 - 6 = 2$
$10 - 0 = 10$	$7 - 5 = 2$	$6 - 5 = 1$
$5 - 1 = 4$	$6 - 2 = 4$	$4 - 0 = 4$

③ Zeichne und rechne. Achte auf das Rechenzeichen.

$7 + 2 = 9$ $4 + 3 = 7$ $5 + 4 = 9$

$7 - 2 = 5$ $4 - 3 = 1$ $5 - 4 = 1$

$6 + 0 = 6$ $8 + 1 = 9$ $3 + 3 = 6$

$6 - 0 = 6$ $8 - 1 = 7$ $3 - 3 = 0$

25

Platzhalter

① Plus oder minus? Male und ergänze die Rechnung.

a) $2 + 5 = 7$ b) $4 - 1 = 3$ c) $8 + 2 = 10$

$5 - 1 = 4$ $7 - 7 = 0$ $5 + 1 = 6$

$6 - 3 = 3$ $3 + 3 = 6$ $10 - 6 = 4$

$1 + 4 = 5$ $6 + 3 = 9$ $6 - 5 = 1$

② Rechne.

a)
$5 + 2 = 7$ $6 + 4 = 10$
$3 + 1 = 4$ $1 + 8 = 9$
$9 + 0 = 9$ $7 + 1 = 8$
$2 + 3 = 5$ $4 + 4 = 8$
$8 + 2 = 10$ $10 + 0 = 10$

b)
$9 - 8 = 1$ $10 - 10 = 0$
$4 - 2 = 2$ $5 - 3 = 2$
$7 - 3 = 4$ $3 - 0 = 3$
$8 - 4 = 4$ $6 - 2 = 4$
$6 - 4 = 2$ $8 - 7 = 1$

c)
$4 + 6 = 10$ $7 - 4 = 3$
$8 - 2 = 6$ $1 + 9 = 10$
$1 + 4 = 5$ $3 + 5 = 8$
$9 - 2 = 7$ $8 - 5 = 3$
$9 - 7 = 2$ $10 - 10 = 0$

d)
$10 - 6 = 4$ $2 + 5 = 7$
$9 - 5 = 4$ $3 + 4 = 7$
$8 - 4 = 4$ $4 + 3 = 7$
$7 - 3 = 4$ $5 + 2 = 7$
$6 - 2 = 4$ $6 + 1 = 7$

Das hilft dir!

26

Würfeln

S B S. 36/37

① Rechne. Wer gewinnt? Markiere ✓.

Wer ist der Gesamtsieger?

a)

Bim: 3 + 4 = 7 Simsala: 5 + 3 = 8 ✓

Bim: 6 + 3 = 9 ✓ Simsala: 4 + 2 = 6

Bim: 1 + 6 = 7 Simsala: 4 + 4 = 8 ✓

b)

Bim: 5 + 4 = 9 ✓ Simsala: 5 + 2 = 7

Bim: 6 + 3 = 9 ✓ Simsala: 6 + 1 = 7

Bim: 4 + 3 = 7 Simsala: 5 + 5 = 10 ✓

② Bilde Aufgabe und Tauschaufgabe.

1 + 3 = 4
3 + 1 = 4

4 + 5 = 9
5 + 4 = 9

6 + 1 = 7
1 + 6 = 7

6 + 3 = 9
3 + 6 = 9

2 + 5 = 7
5 + 2 = 7

4 + 6 = 10
6 + 4 = 10

4 + 4 = 8
4 + 4 = 8

3 + 2 = 5
2 + 3 = 5

4 + 1 = 5
1 + 4 = 5

③ Finde viele Möglichkeiten.

3 + 2 + 5 = 10
2 + 3 + 5 = 10
5 + 2 + 3 = 10
5 + 3 + 2 = 10

5 + 4 + 1 = 10
4 + 5 + 1 = 10
1 + 4 + 5 = 10
5 + 1 + 4 = 10

1 + 3 + 5 = 9
3 + 1 + 5 = 9
5 + 3 + 1 = 9
5 + 1 + 3 = 9

27

Minus- und Umkehraufgaben zaubern

S B S. 38/39

Decke jeweils die Tiere, die weggezaubert werden, mit dem Finger ab.

① Simsala und Bim zaubern weg. Rechne.

6 − 2 = 4
6 − 6 = 0
6 − 1 = 5
6 − 5 = 1

9 − 6 = 3
9 − 2 = 7
9 − 4 = 5
9 − 5 = 4

5 − 3 = 2
5 − 1 = 4
5 − 4 = 1
5 − 5 = 0

② Simsala und Bim zaubern mit Fischen.

7 − 4 = 3   3 + 4 = 7   5 − 1 = 4   4 + 1 = 5

9 − 6 = 3   3 + 6 = 9   3 − 2 = 1   1 + 2 = 3

③ Zaubere wie Simsala und Bim mit deinen Plättchen. Rechne.

… weg   … dazu   … dazu   … weg

Aufgabe	Umkehraufgabe
5 − 2 = 3	3 + 2 = 5
10 − 4 = 6	6 + 4 = 10
8 − 3 = 5	5 + 3 = 8
7 − 6 = 1	1 + 6 = 7
9 − 7 = 2	2 + 7 = 9
10 − 0 = 10	10 + 0 = 10

Aufgabe	Umkehraufgabe
3 + 1 = 4	4 − 1 = 3
6 + 3 = 9	9 − 3 = 6
4 + 2 = 6	6 − 4 = 2
5 + 5 = 10	10 − 5 = 5
2 + 6 = 8	8 − 6 = 2
5 + 3 = 8	8 − 3 = 5

28

Plusaufgaben bis 10 schnell im Kopf

S B S. 40/41

① Finde passende Plusaufgaben.

Ergebnis 7	z.B. 4 + 3	5 + 2	6 + 1	7 + 0
Ergebnis 8	z.B. 1 + 7	2 + 6	3 + 5	4 + 4
Ergebnis 9	z.B. 1 + 8	2 + 7	3 + 6	4 + 5
Ergebnis 10	z.B. 5 + 5	4 + 6	3 + 7	2 + 8

② Schnell im Kopf: Das Doppelte.

1 + 1 = 2   4 + 4 = 8   0 + 0 = 0   ★ 6 + 6 = 12

3 + 3 = 6   2 + 2 = 4   5 + 5 = 10   7 + 7 = 14

③ Schnell im Kopf: Nachbaraufgaben – Male und rechne.

3 + 3 = 6
3 + 4 = 7
3 + 2 = 5

2 + 2 = 4
2 + 3 = 5
2 + 1 = 3

4 + 4 = 8
4 + 5 = 9
4 + 3 = 7

5 + 5 = 10
5 + 6 = 11
5 + 4 = 9

④ Schnell im Kopf: Rechne.

(+ 1) (1 +)
4 + 1 = 5
1 + 6 = 7
7 + 1 = 8

(+ 2) (2 +)
3 + 2 = 5
2 + 4 = 6
6 + 2 = 8

(5 +) (+ 5)
5 + 2 = 7   2 + 5 = 7
5 + 0 = 5   0 + 5 = 5
5 + 3 = 8   3 + 5 = 8

29

Plusaufgaben üben

S B S. 40/41

① Verbinde.

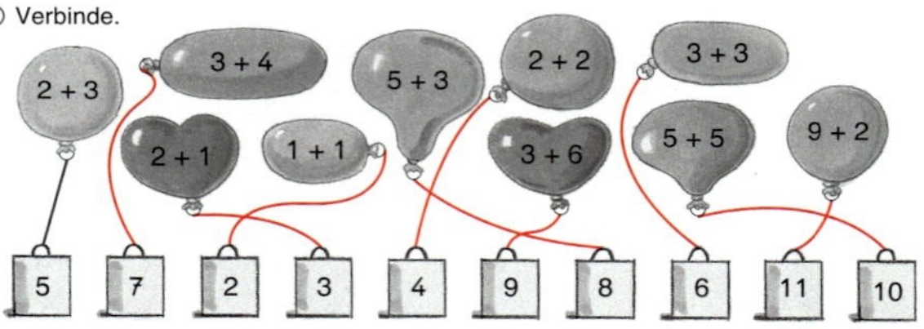

2 + 3   3 + 4   5 + 3   2 + 2   3 + 3

2 + 1   1 + 1   3 + 6   5 + 5   9 + 2

5   7   2   3   4   9   8   6   11   10

② Rechne. Verbinde Aufgaben mit gleichem Ergebnis.

6 + 2 = 8   5 + 1 = 6
9 + 1 = 10   2 + 8 = 10
7 + 2 = 9   4 + 4 = 8
1 + 5 = 6   3 + 6 = 9
4 + 0 = 4   2 + 3 = 5
0 + 5 = 5   1 + 3 = 4

6 + 3 = 9   4 + 2 = 6
2 + 4 = 6   4 + 5 = 9
1 + 7 = 8   2 + 5 = 7
4 + 3 = 7   4 + 6 = 10
7 + 3 = 10   4 + 1 = 5
1 + 4 = 5   3 + 5 = 8

③ Rechne und setze jedes Päckchen fort.

3 + 3 = 6
4 + 3 = 7
5 + 3 = 8
6 + 3 = 9
7 + 3 = 10

1 + 2 = 3
1 + 4 = 5
1 + 6 = 7
1 + 8 = 9
1 + 10 = 11

5 + 5 = 10
4 + 6 = 10
3 + 7 = 10
2 + 8 = 10
1 + 9 = 10

3 + 0 = 3
4 + 1 = 5
5 + 2 = 7
6 + 3 = 9
7 + 4 = 11

Setze diese Aufgaben in deinem 📖 fort oder finde selbst solche Aufgaben.

30

① Finde passende Minusaufgaben.

Ergebnis 1	z. B.	$5 - 4$	$4 - 3$	$3 - 2$	$2 - 1$
Ergebnis 2	z. B.	$7 - 5$	$6 - 4$	$5 - 3$	$4 - 2$
Ergebnis 3	z. B.	$9 - 6$	$8 - 5$	$7 - 4$	$6 - 3$
Ergebnis 4	z. B.	$9 - 5$	$8 - 4$	$7 - 3$	$6 - 2$

② Schnell im Kopf: die Hälfte.

$2 - 1 = 1$ $8 - 4 = 4$ $10 - 5 = 5$

$4 - 2 = 2$ $6 - 3 = 3$ ★ $12 - 6 = 6$

③ Schnell im Kopf: Rechne.

-0	-1	-2	
$5 - 0 = 5$	$3 - 1 = 2$	$7 - 2 = 5$	$9 - 2 = 7$
$7 - 0 = 7$	$5 - 1 = 4$	$5 - 2 = 3$	$6 - 2 = 4$
$4 - 0 = 4$	$8 - 1 = 7$	$8 - 2 = 6$	$10 - 2 = 8$
$8 - 0 = 8$	$7 - 1 = 6$	$3 - 2 = 1$	$4 - 2 = 2$

④ Färbe richtig: Ergebnis 0 □ Ergebnis 5 □ Ergebnis 1 □ Ergebnis 2 ▨

$7 - 5$	$10 - 5$	$7 - 6$	$5 - 0$	$9 - 8$
$9 - 4$	$6 - 5$	$2 - 2$	$9 - 9$	$8 - 8$
$4 - 4$	$8 - 7$	$10 - 9$	$7 - 7$	$8 - 6$
$6 - 1$	$9 - 7$	$8 - 3$	$7 - 2$	$6 - 6$
$3 - 3$	$5 - 5$	$0 - 0$	$10 - 8$	$10 - 10$

31

---

① Verbinde.

$9 - 7$ $5 - 4$ $7 - 1$ $10 - 2$ $9 - 2$

$6 - 3$ $9 - 4$ $10 - 6$ $9 - 0$

| 1 | 2 | 3 | 6 | 4 | 5 | 7 | 9 | 8 |

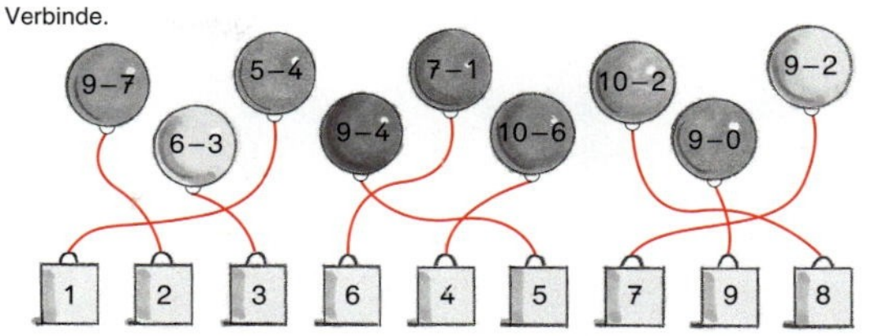

② Rechne. Verbinde Aufgaben mit gleichem Ergebnis.

$10 - 4 = 6$	$7 - 2 = 5$		$10 - 6 = 4$	$7 - 3 = 4$
$8 - 1 = 7$	$9 - 3 = 6$		$8 - 5 = 3$	$7 - 1 = 6$
$9 - 4 = 5$	$7 - 0 = 7$		$9 - 3 = 6$	$5 - 2 = 3$
$7 - 5 = 2$	$8 - 5 = 3$		$10 - 3 = 7$	$5 - 3 = 2$
$6 - 3 = 3$	$10 - 9 = 1$		$8 - 6 = 2$	$9 - 2 = 7$
$5 - 4 = 1$	$4 - 2 = 2$		$8 - 3 = 5$	$10 - 5 = 5$

③ Rechne und setze jedes Päckchen fort.

$3 - 3 = 0$	$2 - 1 = 1$	$10 - 7 = 3$	$10 - 1 = 9$
$4 - 3 = 1$	$4 - 1 = 3$	$9 - 6 = 3$	$9 - 2 = 7$
$5 - 3 = 2$	$6 - 1 = 5$	$8 - 5 = 3$	$8 - 3 = 5$
$6 - 3 = 3$	$8 - 1 = 7$	$7 - 4 = 3$	$7 - 4 = 3$
$7 - 3 = 4$	$10 - 1 = 9$	$6 - 3 = 3$	$6 - 5 = 1$

🐾 Setze diese Aufgaben in deinem 📖 fort oder finde selbst solche Aufgaben.

32

---

① Drei Zahlen – vier Aufgaben

3 5 2	2 7 9	1 10 9
$3 + 2 = 5$	$2 + 7 = 9$	$1 + 9 = 10$
$2 + 3 = 5$	$7 + 2 = 9$	$9 + 1 = 10$
$5 - 3 = 2$	$9 - 7 = 2$	$10 - 9 = 1$
$5 - 2 = 3$	$9 - 2 = 7$	$10 - 1 = 9$

3 7 10	9 5 4	5 3 8
$3 + 7 = 10$	$4 + 5 = 9$	$3 + 5 = 8$
$7 + 3 = 10$	$5 + 4 = 9$	$5 + 3 = 8$
$10 - 7 = 3$	$9 - 5 = 4$	$8 - 5 = 3$
$10 - 3 = 7$	$9 - 4 = 5$	$8 - 3 = 5$

② Welche Karte fehlt? Es gibt 2 Möglichkeiten.

4 passt!   2 aber auch!

1 2 3	1 4 3
$1 + 2 = 3$	$1 + 3 = 4$
$2 + 1 = 3$	$3 + 1 = 4$
$3 - 2 = 1$	$4 - 3 = 1$
$3 - 1 = 2$	$4 - 1 = 3$

4 2 6	8 2 6
$4 + 2 = 6$	$2 + 6 = 8$
$2 + 4 = 6$	$6 + 2 = 8$
$6 - 2 = 4$	$8 - 2 = 6$
$6 - 4 = 2$	$8 - 6 = 2$

Warum haben beide Recht?

33

---

① Drei Karten – zwei Aufgaben:
Wähle die Karten so, dass es nur zwei Aufgaben gibt.

8 4 4	$4 + 4 = 8$	$8 - 4 = 4$
3 6 3	$3 + 3 = 6$	$6 - 3 = 3$
2 4 2	$2 + 2 = 4$	$4 - 2 = 2$
1 1 2	$1 + 1 = 2$	$2 - 1 = 1$
5 5 10	$5 + 5 = 10$	$10 - 5 = 5$

🐾 Drei Karten – zwei Aufgaben:
Finde weitere Beispiele.
Schreibe sie in dein 📖.

Prima, die ersten Karten sind schon weg!

★ **② Du hast 9 Karten. Lege 3 Aufgaben.**
Verwende jede Karte nur einmal! Schreibe die Rechnung auf.

a) ~~1~~ 2 3 ~~4~~ 5 6 ~~7~~ 8 9 10

$3 + 4 = 7$ $2 + 6 = 8$ $10 - 1 = 9$

b) ~~1~~ 2 ~~3~~ 4 ~~5~~ 6 ~~7~~ 8 ~~9~~ ~~10~~

$10 - 7 = 3$ $2 + 4 = 6$ $1 + 8 = 9$

c) 2 3 ~~4~~ 5 6 ~~7~~ 8 ~~9~~ 10

$3 + 7 = 10$ $8 - 6 = 2$ $9 - 5 = 4$

34

Was ist passiert? Schreibe die Rechnungen auf.

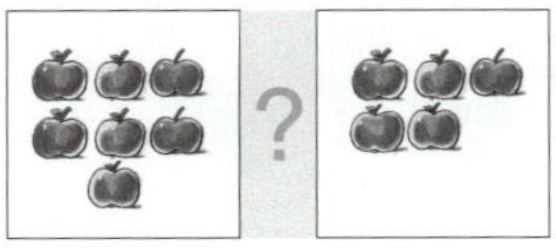

$7 - 2 = 5$

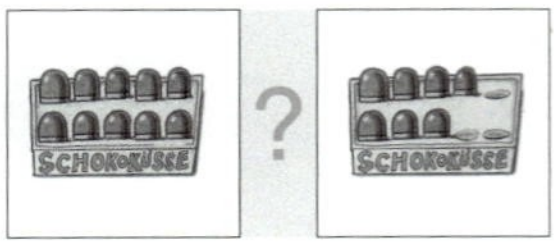

$10 - 3 = 7$

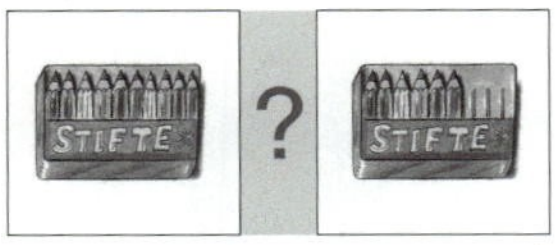

$10 - 4 = 6$

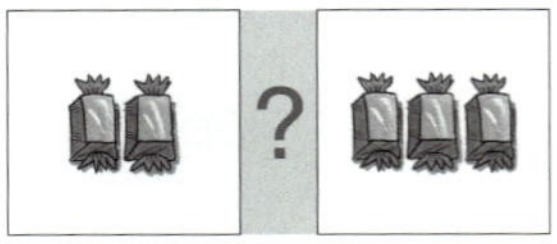

$2 + 1 = 3$

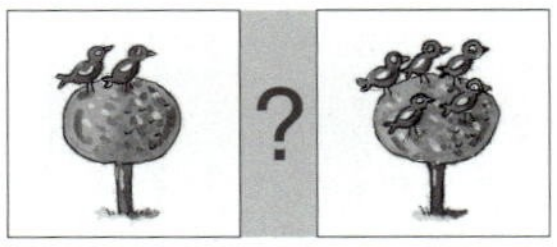

$2 + 3 = 5$

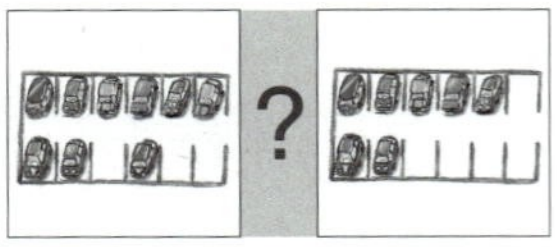

$9 - 2 = 7$

Zeichne eigene Bilder.
Schreibe eine Rechnung dazu.

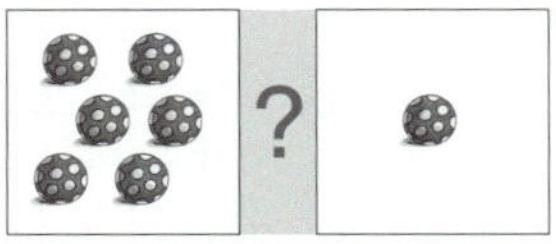

z. B.

$6 - 5 = 1$

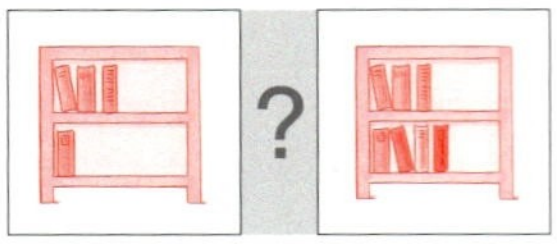

$4 + 3 = 7$

35

---

① Wie wird gezaubert? Schreibe auf und finde weitere Zahlenpaare.

+3

4	7
1	4
6	9
z.B. 3	6

−7

10	3
7	0
8	1
z.B. 11	4

+6

3	9
4	10
1	7
z.B. 2	8
	9

② Finde Paare zu diesen Zauberregeln.

+1

5	6
1	2
9	10
z.B. 2	3

−2

6	4
8	6
2	0
z.B. 4	2

+0

4	4
10	10
z.B. 5	5
z.B. 6	6

−4

9	5
4	0
z.B. 10	6
z.B. 8	4

③ Erste oder zweite Zahl gesucht

+5

2	7
5	10
0	5
z.B. 4	9

+4

3	7
5	9
2	6
z.B. 4	8

−3

9	6
5	2
7	4
z.B. 10	7

−5

5	0
9	4
10	5
z.B. 6	1

④ Hier sind Paare von zwei Zauberregeln durcheinander geraten. Ordne.

4	6	7	9
5	4	1	0
8	7	9	8
3	5	6	5
10	12	1	3

+2

4	6
7	9
3	5
10	12
1	3

−1

5	4
1	0
8	7
6	5
9	8

36

Ein Dreieck hat drei Seiten.
Ein Viereck hat vier Seiten.

Spure nach:

Dreiecke   Vierecke   Kreise

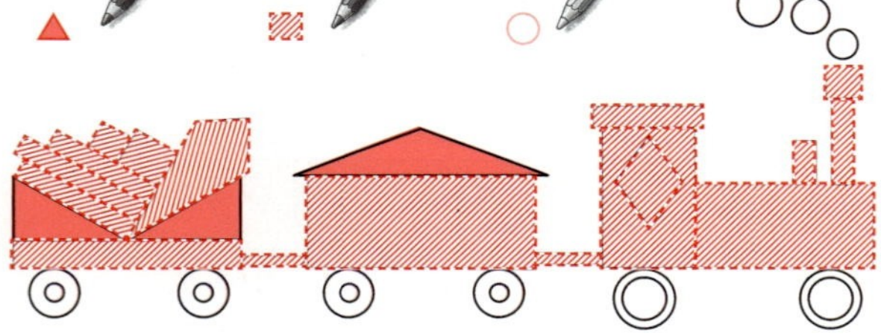

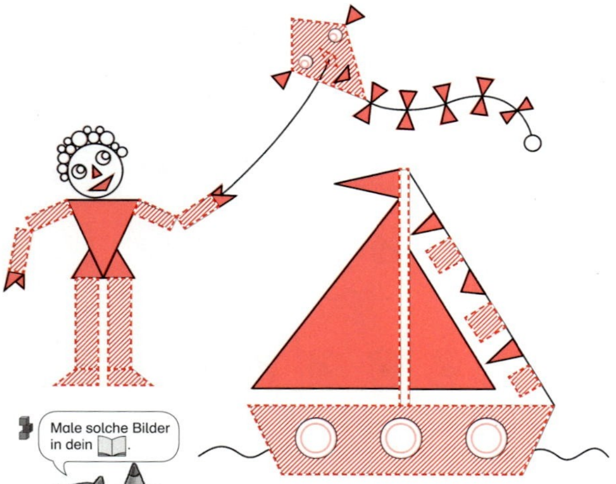

Male solche Bilder in dein 📖.

37

---

① Male an:

| 0 Ecken | 3 Ecken | 4 Ecken | 5 Ecken | 6 Ecken |

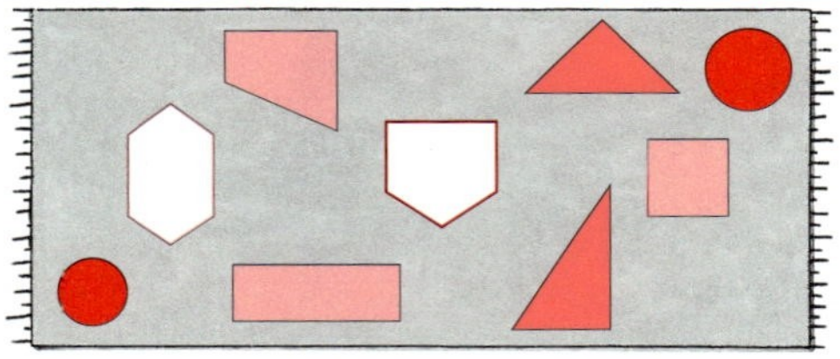

② Male die Rechtecke an.

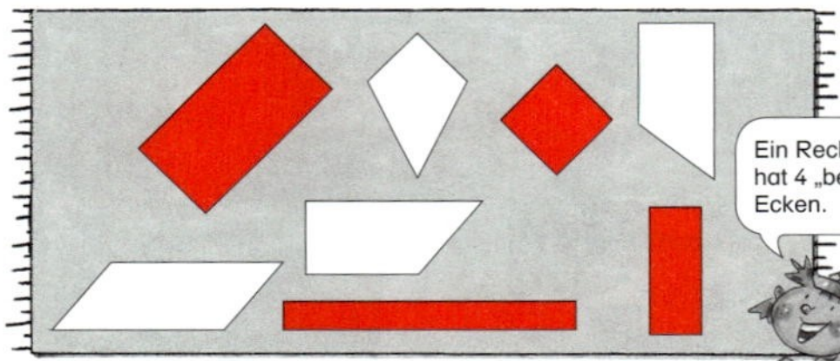

Ein Rechteck hat 4 „besondere" Ecken.

③ Male die Quadrate an.

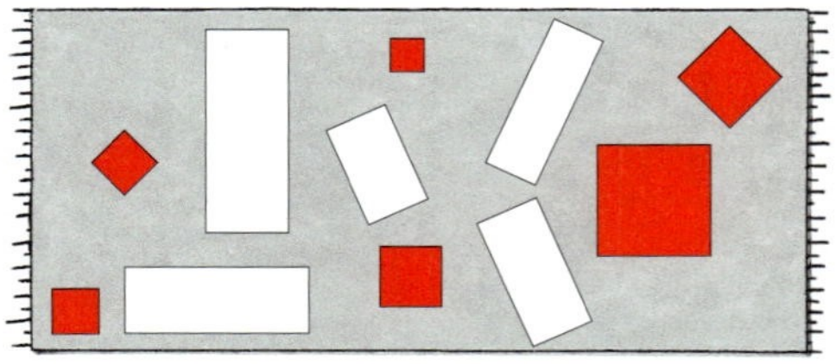

38

---

1 Immer 10: Welche Zahl fehlt? Trage ein.

⑩ 6 + _4_ 　　　　⑩ _1_ + _9_

_8_ + _2_ 　　　　_4_ + _6_

_5_ + _5_ 　　　　_2_ + _8_

_9_ + _1_ 　　　　_10_ + _0_

_7_ + _3_ 　　　　_3_ + _7_

2 Rechne und male.

_5 + 4 = 9_ 　　　_4 + 4 = 8_ 　　　7 + 2 = _9_

_9 − 6 = 3_ 　　　8 − 5 = _3_ 　　　7 − 3 = _4_

3 Suche die Nachbaraufgaben der Verdopplungsaufgabe.

2 + 2 = _4_ 　3 + 3 = _6_ 　4 + 4 = _8_ 　5 + 5 = _10_
2 + 1 = _3_ 　3 + 2 = _5_ 　4 + 3 = _7_ 　5 + 4 = _9_
2 + 3 = _5_ 　3 + _4_ = _7_ 　4 + _5_ = _9_ 　5 + _6_ = _11_

41

---

1 Male und schreibe auf.

Immer 9　　　　Immer 8　　　　Immer 7

_1_ + _8_ 　　　_3_ + _5_ 　　　_2_ + 5
_7_ + _2_ 　　　_6_ + 2 　　　　_1_ + _6_
_6_ + _3_ 　　　_5_ + _3_ 　　　_3_ + _4_
_5_ + _4_ 　　　_4_ + _4_ 　　　_6_ + _1_
_9_ + _0_ 　　　_6_ + _2_ 　　　_5_ + _2_

2 Plus oder minus? Male und schreibe die Rechnung auf.

2 _+_ 7 = 9 　　　10 _−_ 5 = 5 　　　5 _+_ 3 = 8
8 _−_ 4 = 4 　　　6 _+_ 4 = 10 　　　7 _−_ 2 = 5

3 Was ist passiert? Schreibe die Rechnungen auf.

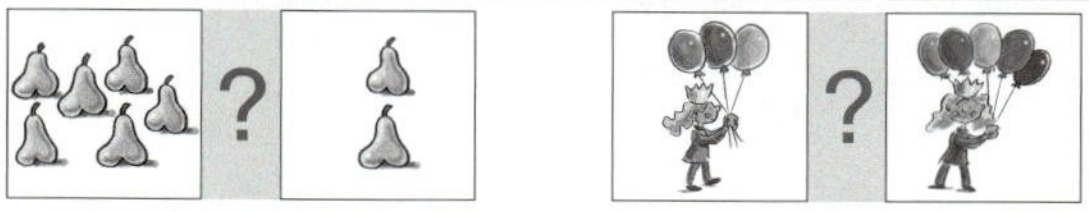

_6 − 4 = 2_ 　　　　　_3 + 2 = 5_

4 Male Dreiecke blau, Quadrate grün und Rechtecke rot an.

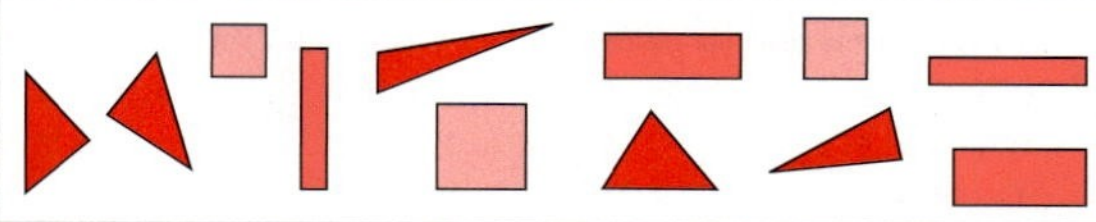

42

---

① Finde passende Rechnungen.

a) 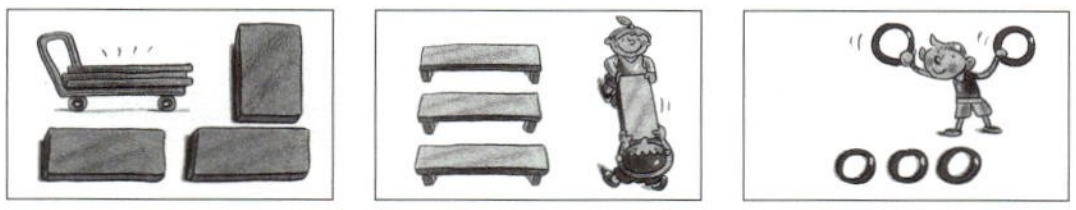
_3_ + _3_ = _6_ 　　　_3_ + _1_ = _4_ 　　　_3_ + _2_ = _5_
_6_ − _3_ = _3_ 　　　_4_ − _1_ = _3_ 　　　_5_ − _2_ = _3_

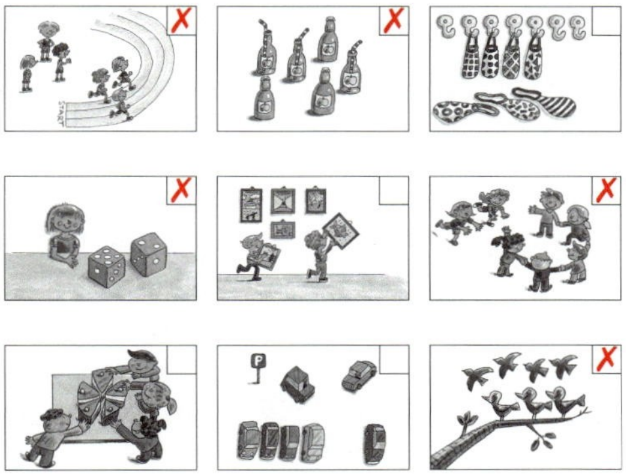

b) 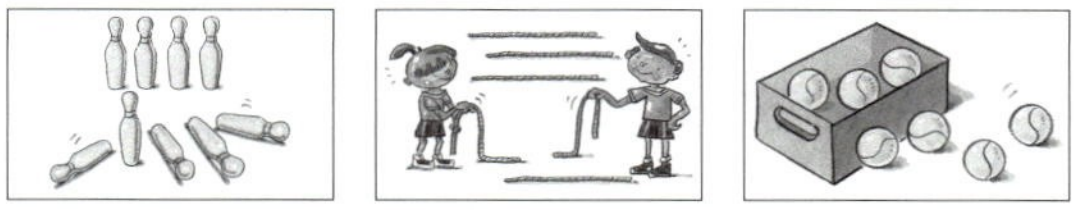
_4_ + _5_ = _9_ 　　　_4_ + _2_ = _6_ 　　　_3_ + _4_ = _7_
_9_ − _5_ = _4_ 　　　_6_ − _2_ = _4_ 　　　_7_ − _4_ = _3_

② Welche Bilder passen? Kreuze an ✗.

6 − 3 = _3_ 　　　✗

5 + 2 = _7_ 　　　✗

7 − 4 = _3_ 　　　✗

43

---

① Rechne.

a)
8			9			9			11	
3		5	6		3	4		5	6	5
1	2	3	4	2	1	3	1	4	5	1	4

b)
10			9			10			4	
6		4	5		5	5		5	2	2
4	2	2	1	4	0	5	0	5	1	1	1

② Baue mit diesen Grundsteinen verschiedene Mauern.

0 , 2 , 3

			7			8			8	
	2		5	3		5	5		3
0	2	3	0	3	2	2	3	0

5			5			7	
2		3	3		2	5	2
2	0	3	3	0	2	3	2	0

Wie gehst du geschickt vor?

③ Welche Zahlen fehlen? Trage sie ein.

a)
7			6			7			10	
3		4		1	5	2		5	4	6
1	2	2	1	0	5	1	1	4	3	1	5

b)
	6			8			7			10	
3		3	6		2	4		3	5	5
1	2	1	5	1	1	2	2	1	2	3	2

④ Zielstein 7

	7			7			7			7	
4		3	2		5	1		6	0	7

z. B. | 1 | 3 | 0 | 1 | 1 | 4 | 0 | 1 | 5 | 0 | 0 | 7 |

⑤ Deine Zahlenmauern: Wähle die Steine selbst.

44

Links und rechts – immer gleich viel

① Verbinde die Schachteln und schreibe die passenden Rechnungen nebeneinander.

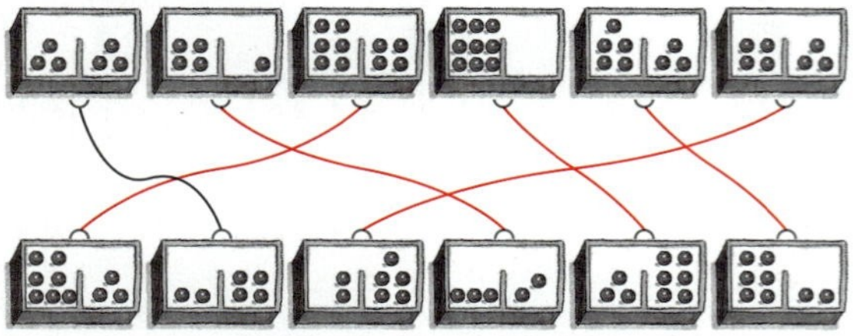

$3 + 3 = 2 + 4$ $4 + 1 = 3 + 2$ $6 + 4 = 7 + 3$

$9 + 0 = 3 + 6$ $5 + 3 = 6 + 2$ $4 + 3 = 2 + 5$

② Verbinde die Karten mit dem gleichen Ergebnis.

5 + 3	5 + 5	4 + 5	1 + 3	2 + 4	2 + 5	3 + 2
1 + 8	4 + 4	6 + 4	3 + 4	2 + 2	5 + 0	3 + 3

③ Links und rechts ist immer gleich viel. Trage die fehlende Zahl ein.

a)
$8 = 4 + 4$ $10 = 2 + 8$
$6 = 4 + 2$ $6 = 1 + 5$
$7 = 2 + 5$ $8 = 5 + 3$
$9 = 3 + 6$ $9 = 0 + 9$
$10 = 5 + 5$ $7 = 6 + 1$

b)
$3 + 4 = 7$ $4 + 5 = 9$
$5 + 3 = 8$ $5 + 2 = 7$
$7 + 3 = 10$ $5 + 1 = 6$
$9 + 0 = 9$ $2 + 6 = 8$
$2 + 4 = 6$ $9 + 1 = 10$

★ ④ Links und rechts ist immer gleich viel. Trage die fehlende Zahl ein.

$2 + 6 = 7 + 1$ $5 + 4 = 6 + 3$ $6 + 4 = 5 + 5$
$3 + 7 = 5 + 5$ $5 + 2 = 3 + 4$ $4 + 4 = 5 + 3$
$1 + 8 = 4 + 5$ $3 + 6 = 1 + 8$ $3 + 2 = 5 + 0$

45

Dominosteine und Rechnungen vergleichen

① Vergleiche mit >, <, =.

$2 + 3 < 4 + 2$
$5 + 2 < 5 + 4$
$2 + 5 > 4 + 1$ $5 + 1 = 1 + 5$
$6 + 2 = 5 + 3$ $3 + 3 = 2 + 4$
$4 + 4 < 6 + 3$ $5 + 5 < 6 + 5$
$6 + 2 > 4 + 2$ $6 + 4 > 2 + 5$

② Welches Zeichen passt? Siehst du es ohne zu rechnen?

$5 + 2 < 6 + 2$ $1 + 7 < 1 + 9$ $2 + 4 = 3 + 3$
   7 8 8 10 6 6
$8 + 1 > 7 + 1$ $4 + 5 > 2 + 5$ $4 + 6 > 5 + 4$
   9 8 9 7 10 9
$3 + 4 = 4 + 3$ $6 + 3 > 6 + 1$ $5 + 3 = 6 + 2$
   7 7 9 7 8 8

③ Vergleiche mit >, <, =.

$8 - 2 < 9 - 2$ $10 - 3 = 9 - 2$ $4 - 1 < 6 - 2$
   6 7 7 7 3 4
$7 - 3 < 7 - 2$ $10 - 5 = 9 - 4$ $9 - 2 > 8 - 5$
   4 5 5 5 7 3
$7 - 2 > 6 - 5$ $6 - 3 = 5 - 2$ $6 - 5 < 9 - 2$
   5 1 3 3 1 7

★ ④ Rechne.

$1 + 9 = 6 + 4$ $10 - 8 = 6 - 4$ $0 + 9 = 10 - 1$
$4 + 5 = 7 + 2$ $9 - 5 = 7 - 3$ $8 - 4 = 2 + 2$
$9 + 1 = 5 + 5$ $9 - 6 = 5 - 2$ $3 + 7 = 10 - 0$
$2 + 8 = 4 + 6$ $10 - 6 = 4 - 0$ $10 - 5 = 1 + 4$

46

Fragen und Antworten ①

① Welche Fragen kannst du beantworten? Kreuze an.

[X] Wie viele [Kinder] sind im [Boot]?
[ ] Wann gehen die [Kinder] nach Hause?
[X] Wer hat ein [Handtuch]?
[X] Wo ist die [Ente]?
[X] Wie viele [Kinder] spielen [Ball]?

② Male Frage und passende Antwort in der gleichen Farbe an.

Wie viele [Kinder] reiten?

Wie viele [Pferde] sind es?

Wie viele [Kinder] haben einen [Helm]?

5 [Kinder] reiten.

Es sind 5 [Pferde].

5 [Kinder] haben einen [Helm].

Es sind 3 [Pferde].

7 [Kinder] haben einen [Helm].

3 [Kinder] reiten.

47

Fragen und Antworten ②

① Am [Rutsche] sind 4 Kinder. 3 Kinder kommen dazu.

F: Wie viele Kinder sind es jetzt?
R: $4 + 3 = 7$
A: Es sind jetzt 7 Kinder.

② Auf der [Wippe] sind 6 Kinder. 3 Kinder gehen weg.

F: Wie viele Kinder sind noch da?
R: $6 - 3 = 3$
A: Es sind noch 3 Kinder da.

③ 8 Kinder sind auf dem [Klettergerüst]. 2 Kinder springen herunter.

F: Wie viele Kinder sind noch auf dem [Klettergerüst]?
R: $8 - 2 = 6$
A: Es sind noch 6 Kinder auf dem Klettergerüst.

④ Auf der [Wippe] sind 2 Kinder. Im [Sandkasten] sind 3 Kinder und auf dem [Rutsche] sind 4 Kinder.

F: Wie viele Kinder sind es insgesamt?
R: $2 + 3 + 4 = 9$
A: Es sind insgesamt 9 Kinder.

★ ⑤ Am [Rutsche] sind 9 Kinder. Das sind 5 mehr als im [Sandkasten].

F: Wie viele Kinder sind im [Sandkasten]?
R: $9 - 5 = 4$
A: Es sind 4 Kinder im Sandkasten.

F: Wie viele Kinder sind es insgesamt?
R: $9 + 4 = 13$
A: Es sind insgesamt 13 Kinder.

48

① Wie viele Plättchen sind es? Trage ein.

Z	E		Z	E		Z	E		Z	E
1	4		1	0		1	7		1	6

② Male die Plättchen in das Zwanzigerfeld.

Z	E		Z	E		Z	E		Z	E
1	3		1	5		1	7		2	0

Z	E		Z	E		Z	E		Z	E
1	8		1	2		1	1			9

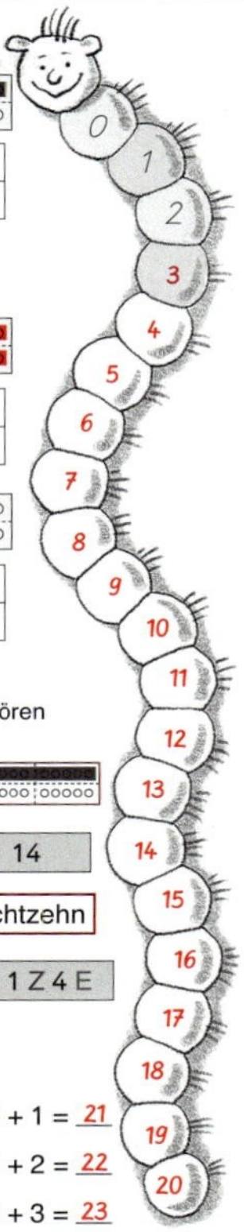

③ Diese Karten sind durcheinandergeraten. Immer 4 Karten gehören zusammen. Male sie mit der gleichen Farbe an.

15   18   12   17   14

siebzehn   vierzehn   zwölf   fünfzehn   achtzehn

1 Z 8 E   1 Z 2 E   1 Z 5 E   1 Z 7 E   1 Z 4 E

④ Rechne.

$10 + 1 = 11$ $10 + 3 = 13$ $10 + 4 = 14$ $20 + 1 = 21$

$10 + 8 = 18$ $10 + 9 = 19$ $10 + 2 = 12$ $20 + 2 = 22$

$10 + 10 = 20$ $10 + 7 = 17$ $10 + 5 = 15$ $20 + 3 = 23$

Trage die fehlenden Zahlen in die Raupe ein. Male weiter.

49

---

① Trage die fehlenden Zahlen ein.

1	2	3	4	5	6	7	8	9	10
11	12	13	14	15	16	17	18	19	20

② Welche Zahlen fehlen? Trage sie ein.

a)

4	5		1	2		6	7		2	3
14	15		11	12		16	17		12	13

b)

6	7	8		6			9		9	8
16				16	17	18	18	19	20	18	19

★ c)

	8	9		5		3		7	9
17		20		16	17		18		20

Du kannst eine Spielfigur zu Hilfe nehmen!

1	2	3	4	5	6	7	8	9	10
11	12	13	14	15	16	17	18	19	20

③ Wo landest du?

a) Du stehst auf 10. Gehe ein Feld nach unten. __20__

b) Du stehst auf 11. Gehe ein Feld nach oben und eins nach rechts. __2__

c) Du stehst auf 15. Gehe ein Feld nach oben. __5__

d) Du stehst auf 6. Gehe ein Feld nach rechts und eins nach unten. __17__

e) Du stehst auf 7. Gehe ein Feld nach links und eins nach unten. __16__

f) Du stehst auf 14. Gehe ein Feld nach links und eins nach oben. __3__

50

---

① Wohin gehören die übrigen Karten? Verbinde.

0 1 2 5 11 13 17 20

3 4 6 9 8 12 16 15 14 18 19

② Vorgänger und Nachfolger

11	12	13		3	4	5		15	16	17		5	6	7
12	13	14		7	8	9		13	14	15		16	17	18
4	5	6		8	9	10		0	1	2		19	20	21
9	10	11		1	2	3		2	3	4		6	7	8
18	19	20		10	11	12		14	15	16		17	18	19

③ Vergleiche mit $>$, $<$, $=$.

$19 > 10$ $14 < 15$ $11 = 11$ $8 < 9$

$3 < 13$ $17 > 13$ $13 > 12$ $9 < 10$

$15 > 14$ $16 < 19$ $12 < 13$ $10 < 11$

$20 > 2$ $10 = 10$ $13 < 14$ $11 < 12$

$7 = 7$ $19 > 9$ $14 > 13$ $12 = 12$

④ Zähle in Schritten und schreibe die fehlenden Zahlen auf.

a) 1, 3, 5, __7__, __9__, __11__, __13__, 15   (+ 2)

b) 1, 4, 7, __10__, __13__, __16__, 19   (+ 3)

c) 15, 14, 13, __12__, __11__, __10__, __9__, 8

★ d) 1, 3, 2, 4, __3__, __5__, __4__, __6__, 5   (+ 2 − 1)

★ e) 20, 19, 17, 16, 14, __13__, __11__, __10__, __8__, 7   (− 1 − 2)

Ein Zahlenstrahl hilft dir.

51

---

① Ergänze achsensymmetrisch. Lege mit den Formen nach und male aus.

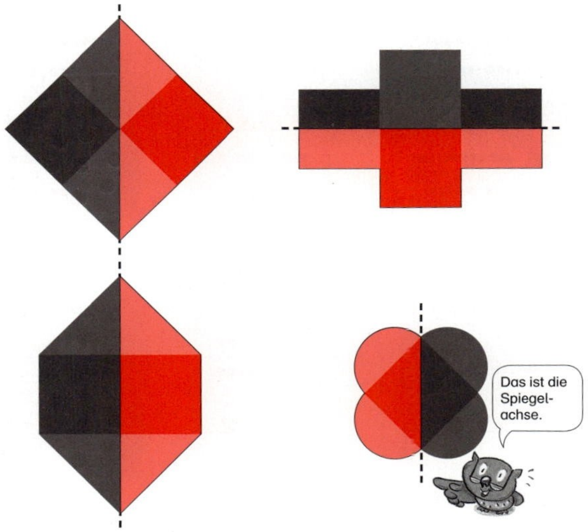

Das ist die Spiegelachse.

② Es sollen immer zwei gleiche Hälften sein. Ergänze.

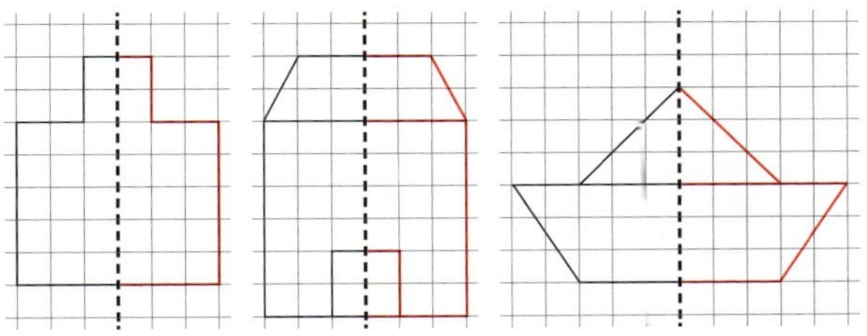

52

Verwandte Plusaufgaben

Die kleine Aufgabe hilft.

SB S.78

$3 + 4 = 7$ $13 + 4 = 17$

① Färbe die verwandten Aufgaben mit der gleichen Farbe. Rechne.

$3 + 4 = 7$	$7 + 1 = 8$	$13 + 4 = 17$	$14 + 5 = 19$
$2 + 3 = 5$	$5 + 5 = 10$	$17 + 1 = 18$	$11 + 8 = 19$
$4 + 5 = 9$	$1 + 8 = 9$	$15 + 5 = 20$	$12 + 3 = 15$

② Schreibe die kleine Aufgabe dazu. Rechne.

$11 + 4 = 15$	$12 + 5 = 17$	$17 + 1 = 18$	$15 + 3 = 18$
$1 + 4 = 5$	$2 + 5 = 7$	$7 + 1 = 8$	$5 + 3 = 8$
$13 + 6 = 19$	$17 + 3 = 20$	$14 + 4 = 18$	$16 + 2 = 18$
$3 + 6 = 9$	$7 + 3 = 10$	$4 + 4 = 8$	$6 + 2 = 8$

③ Rechne.

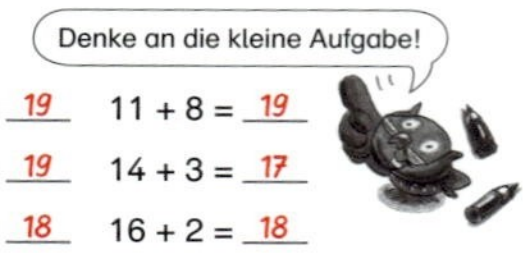

Denke an die kleine Aufgabe!

$15 + 2 = 17$ $12 + 7 = 19$ $15 + 4 = 19$ $11 + 8 = 19$
$11 + 7 = 18$ $14 + 5 = 19$ $16 + 3 = 19$ $14 + 3 = 17$
$12 + 4 = 16$ $18 + 1 = 19$ $12 + 6 = 18$ $16 + 2 = 18$

④ Rechne und setze das Päckchen fort.

$12 + 5 = 17$	$14 + 3 = 17$	$13 + 7 = 20$	$10 + 6 = 16$
$12 + 6 = 18$	$14 + 4 = 18$	$14 + 6 = 20$	$12 + 4 = 16$
$12 + 7 = 19$	$14 + 5 = 19$	$15 + 5 = 20$	$14 + 2 = 16$
$12 + 8 = 20$	$14 + 6 = 20$	$16 + 4 = 20$	$16 + 0 = 16$

53

Verwandte Minusaufgaben

SB S.79

$5 - 2 = 3$ $15 - 2 = 13$

① Färbe die verwandten Aufgaben mit der gleichen Farbe. Rechne.

$5 - 2 = 3$	$8 - 5 = 3$	$15 - 2 = 13$	$17 - 3 = 14$
$2 - 2 = 0$	$9 - 6 = 3$	$18 - 5 = 13$	$14 - 0 = 14$
$7 - 3 = 4$	$4 - 0 = 4$	$19 - 6 = 13$	$12 - 2 = 10$

② Schreibe die kleine Aufgabe dazu. Rechne.

$17 - 3 = 14$	$14 - 2 = 12$	$13 - 2 = 11$	$18 - 6 = 12$
$7 - 3 = 4$	$4 - 2 = 2$	$3 - 2 = 1$	$8 - 6 = 2$
$18 - 4 = 14$	$16 - 5 = 11$	$19 - 8 = 11$	$15 - 4 = 11$
$8 - 4 = 4$	$6 - 5 = 1$	$9 - 8 = 1$	$5 - 4 = 1$

③ Rechne.

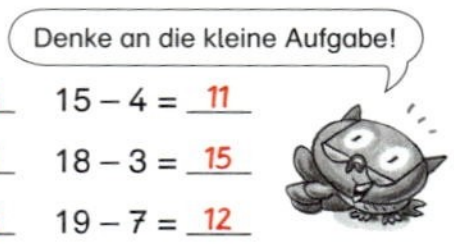

Denke an die kleine Aufgabe!

$14 - 3 = 11$ $18 - 5 = 13$ $16 - 1 = 15$ $15 - 4 = 11$
$17 - 5 = 12$ $19 - 3 = 16$ $17 - 6 = 11$ $18 - 3 = 15$
$16 - 4 = 12$ $16 - 5 = 11$ $19 - 4 = 15$ $19 - 7 = 12$

④ Rechne und setze das Päckchen fort.

$18 - 2 = 16$	$19 - 4 = 15$	$13 - 1 = 12$	$20 - 3 = 17$
$18 - 3 = 15$	$19 - 3 = 16$	$14 - 2 = 12$	$19 - 4 = 15$
$18 - 4 = 14$	$19 - 2 = 17$	$15 - 3 = 12$	$18 - 5 = 13$
$18 - 5 = 13$	$19 - 1 = 18$	$16 - 4 = 12$	$17 - 6 = 11$

54

Verdoppeln

SB S.80

① Verdopple. Male und rechne.

$10 + 10 = 20$ $3 + 3 = 6$ $6 + 6 = 12$

$7 + 7 = 14$ $0 + 0 = 0$ $8 + 8 = 16$

$1 + 1 = 2$ $9 + 9 = 18$ $4 + 4 = 8$

② Immer das Doppelte!

$3 + 3 = 6$ $7 + 7 = 14$ $2 + 2 = 4$ $4 + 4 = 8$

$6 + 6 = 12$ $8 + 8 = 16$ $10 + 10 = 20$ $5 + 5 = 10$

55

Halbieren

SB S.81

① Halbiere. Schreibe die Rechnung auf.

$8 = 4 + 4$ $14 = 7 + 7$ $16 = 8 + 8$ $12 = 6 + 6$

$10 = 5 + 5$ $18 = 9 + 9$ $20 = 10 + 10$ $6 = 3 + 3$

② Male Plättchen so in das Zwanzigerfeld, dass du gut halbieren kannst.

$12 = 6 + 6$ $6 = 3 + 3$ $20 = 10 + 10$ $2 = 1 + 1$

$18 = 9 + 9$ $4 = 2 + 2$ $16 = 8 + 8$ $10 = 5 + 5$

③ Halbiere. Zeichne und rechne.

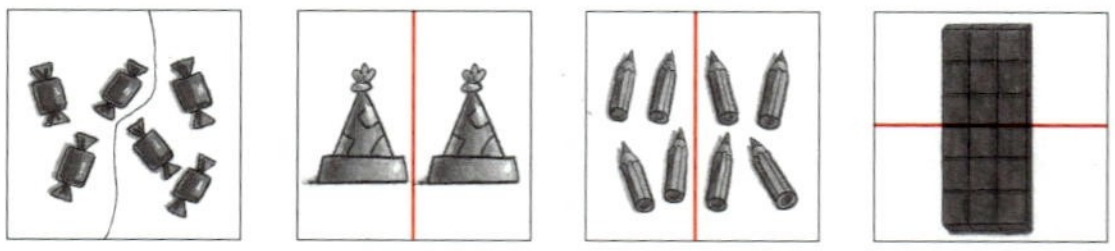

$6 = 3 + 3$ $2 = 1 + 1$ $8 = 4 + 4$ $18 = 9 + 9$

$12 = 6 + 6$ $10 = 5 + 5$ $4 = 2 + 2$ $20 = 10 + 10$

56

❶ Wie viele Plättchen sind es?

	1 2	$10 + 2 = 12$
	1 5	$10 + 5 = 15$
	1 8	$10 + 8 = 18$
	1 3	$10 + 3 = 13$
	2 0	$10 + 10 = 20$

❷ Zahlen und ihre Nachbarn

13	14	15
17	18	19
11	12	13

16	17	18
9	10	11
12	13	14

18	19	20
10	11	12
15	16	17

❸ Die verwandte Aufgabe hilft. Rechne.

a)
$4 + 2 = 6$ $6 + 3 = 9$ $2 + 7 = 9$
$14 + 2 = 16$ $16 + 3 = 19$ $12 + 7 = 19$

b)
$7 - 4 = 3$ $8 - 2 = 6$ $4 - 3 = 1$
$17 - 4 = 13$ $18 - 2 = 16$ $14 - 3 = 11$

❹ Halbiere.

$12 = 6 + 6$ $18 = 9 + 9$ $14 = 7 + 7$

57

❶ Verbinde die Karten mit dem gleichen Ergebnis.

2 + 3	4 + 4	6 + 0	5 + 5	1 + 8	4 + 3	0 + 3
2 + 6	1 + 4	2 + 8	2 + 5	3 + 3	1 + 2	6 + 3

❷ Vergleiche mit >, <, =.

$6 + 2 < 4 + 5$ $6 - 2 > 8 - 6$ $10 - 7 < 9 - 2$
$\quad 8 \qquad 9$ $\quad 4 \qquad 2$ $\quad 3 \qquad 7$

$7 - 3 < 2 + 3$ $9 - 3 < 4 + 4$ $8 + 2 > 9 - 2$
$\quad 4 \qquad 5$ $\quad 6 \qquad 8$ $\quad 10 \qquad 7$

$9 - 5 = 7 - 3$ $4 + 3 > 6 + 0$ $4 + 2 < 9 - 2$
$\quad 4 \qquad 4$ $\quad 7 \qquad 6$ $\quad 6 \qquad 7$

❸ Zu einer Zahl gehören immer vier Karten. Ergänze die Karten.

18	16	13	20	17
1Z 8E	1Z 6E	1Z 3E	2Z 0E	1Z 7E
achtzehn	sechzehn	dreizehn	zwanzig	siebzehn

❹ Verdopple.

$0 + 0 = 0$ $1 + 1 = 2$ $2 + 2 = 4$ $3 + 3 = 6$
$4 + 4 = 8$ $5 + 5 = 10$ $6 + 6 = 12$ $7 + 7 = 14$
$8 + 8 = 16$ $9 + 9 = 18$ $10 + 10 = 20$ ★ $11 + 11 = 22$

❺ Halbiere.

$2 = 1 + 1$ $4 = 2 + 2$ $6 = 3 + 3$ $8 = 4 + 4$
$10 = 5 + 5$ $12 = 6 + 6$ $14 = 7 + 7$ $16 = 8 + 8$
$18 = 9 + 9$ $20 = 10 + 10$ $0 = 0 + 0$ ★ $22 = 11 + 11$

58

① Schreibe alle Verdopplungsaufgaben bis 20 auf.

$1 + 1 = 2$	$2 + 2 = 4$	$3 + 3 = 6$	$4 + 4 = 8$	$5 + 5 = 10$
$6 + 6 = 12$	$7 + 7 = 14$	$8 + 8 = 16$	$9 + 9 = 18$	$10 + 10 = 20$

② Finde zu jeder Verdopplungsaufgabe vier Nachbaraufgaben.

$6 + 7 = 13$ $7 + 6 = 13$ $7 + 8 = 15$ $8 + 7 = 15$
($7 + 7 = 14$)   ($8 + 8 = 16$)
$8 + 7 = 15$ $7 + 8 = 15$ $9 + 8 = 17$ $8 + 9 = 17$

$8 + 9 = 17$ $9 + 8 = 17$ $3 + 4 = 7$ $4 + 3 = 7$
($9 + 9 = 18$)   ($4 + 4 = 8$)
$10 + 9 = 19$ $9 + 10 = 19$ $5 + 4 = 9$ $4 + 5 = 9$

$5 + 6 = 11$ $6 + 5 = 11$ $2 + 3 = 5$ $3 + 2 = 5$
($6 + 6 = 12$)   ($3 + 3 = 6$)
$7 + 6 = 13$ $6 + 7 = 13$ $4 + 3 = 7$ $3 + 4 = 7$

③ Welche Verdopplungsaufgabe hilft dir? Schreibe sie auf.

$8 + 7 = 15$ $6 + 5 = 11$ $7 + 6 = 13$ $5 + 4 = 9$
z. B. $7 + 7 = 14$ $5 + 5 = 10$ $6 + 6 = 12$ $4 + 4 = 8$

$8 + 9 = 17$ $9 + 8 = 17$ $6 + 7 = 13$ $7 + 8 = 15$
z. B. $9 + 9 = 18$ $8 + 8 = 16$ $7 + 7 = 14$ $8 + 8 = 16$

59

① Schreibe Aufgaben mit 10 auf.

$10 + 1 = 11$	$10 + 2 = 12$	$10 + 3 = 13$	$10 + 4 = 14$	$10 + 5 = 15$
$10 + 6 = 16$	$10 + 7 = 17$	$10 + 8 = 18$	$10 + 9 = 19$	$10 + 10 = 20$

② Die Nachbaraufgabe mit 10 hilft.

$6 + 9 = 15$ $3 + 9 = 12$ $5 + 9 = 14$ $7 + 9 = 16$
$6 + 10 = 16$ $3 + 10 = 13$ $5 + 10 = 15$ $7 + 10 = 17$

$9 + 4 = 13$ $9 + 8 = 17$ $9 + 6 = 15$ $9 + 5 = 14$
$10 + 4 = 14$ $10 + 8 = 18$ $10 + 6 = 16$ $10 + 5 = 15$

③ Färbe Aufgabe und Hilfsaufgabe gleich. Rechne.

$10 + 3 = 13$
$10 + 5 = 15$
$8 + 10 = 18$
$9 + 5 = 14$
$9 + 7 = 16$
$10 + 7 = 17$
$9 + 3 = 12$ 
$10 + 2 = 12$
$10 + 6 = 16$
$4 + 9 = 13$
$4 + 10 = 14$
$9 + 6 = 15$
$9 + 2 = 11$
$8 + 9 = 17$

Finde weitere passende Aufgaben. Schreibe sie in dein 📖.

60

Nachbaraufgaben ③

S B S. 84/85

① Schreibe Aufgaben mit 10 auf.

| 11 − 10 = 1 | 12 − 10 = 2 | 13 − 10 = 3 | 14 − 10 = 4 | 15 − 10 = 5 |
| 16 − 10 = 6 | 17 − 10 = 7 | 18 − 10 = 8 | 19 − 10 = 9 | 20 − 10 = 10 |

② Die Nachbaraufgabe mit 10 hilft.

16 − 9 = 7 / 16 − 10 = 6 17 − 9 = 8 / 17 − 10 = 7 12 − 9 = 3 / 12 − 10 = 2

14 − 9 = 5 / 14 − 10 = 4 15 − 9 = 6 / 15 − 10 = 5 13 − 9 = 4 / 13 − 10 = 3

③ Färbe Aufgabe und Hilfsaufgabe gleich. Rechne.

14 − 10 = 4 16 − 9 = 7 15 − 10 = 5

12 − 9 = 3 17 − 10 = 7

12 − 10 = 2 15 − 9 = 6

13 − 10 = 3 13 − 9 = 4

17 − 9 = 8 14 − 9 = 5 16 − 10 = 6

Finde weitere passende Aufgaben. Schreibe sie in dein 📖.

61

Zwischenstopp bei 10 ⊕

S B S. 86/87

① a) Male die Aufgaben mit Zwischenstopp bei 10 an.

| 9 + 3 = 12 | 10 + 5 = 15 | 8 + 1 = 9 | 6 + 8 = 14 | 4 + 4 = 8 |
| 8 + 5 = 13 | 7 + 5 = 12 | 4 + 8 = 12 | 5 + 2 = 7 | 5 + 9 = 14 |

b) Rechne die Aufgaben ohne Zwischenstopp aus.

② Male und rechne.

8 + 5 = 13 / 8 + 2 + 3 = 13   9 + 6 = 15 / 9 + 1 + 5 = 15   6 + 7 = 13 / 6 + 4 + 3 = 13

5 + 7 = 12 / 5 + 5 + 2 = 12   7 + 8 = 15 / 7 + 3 + 5 = 15   4 + 9 = 13 / 4 + 6 + 3 = 13

③ Rechne mit einem Zwischenstopp bei 10.

a)
5 + 8 = 13 / 5 + 5 + 3 = 13   9 + 4 = 13 / 9 + 1 + 3 = 13   7 + 5 = 12 / 7 + 3 + 2 = 12   6 + 8 = 14 / 6 + 4 + 4 = 14

b)
8 + 4 = 12 / 2 2   4 + 7 = 11 / 6 1   8 + 3 = 11 / 6 1   5 + 9 = 14 / 5 4

c)
7 + 6 = 13 / 3 3   8 + 6 = 14 / 2 4   6 + 9 = 15 / 4 5   4 + 8 = 12 / 6 2

④ Löse jetzt die restlichen Aufgaben aus ① im Kopf.

62

Zwischenstopp bei 10 ⊖

S B S. 88/89

① a) Male die Aufgaben mit Zwischenstopp bei 10 an.

| 14 − 6 = 8 | 16 − 6 = 10 | 12 − 8 = 4 | 15 − 7 = 8 | 11 − 4 = 7 |
| 19 − 9 = 10 | 18 − 7 = 11 | 14 − 1 = 13 | 17 − 5 = 12 | 13 − 6 = 7 |

b) Rechne die Aufgaben ohne Zwischenstopp aus.

② Male und rechne.

13 − 5 = 8 / 13 − 3 − 2 = 8   15 − 6 = 9 / 15 − 5 − 1 = 9   12 − 7 = 5 / 12 − 2 − 5 = 5

16 − 9 = 7 / 16 − 6 − 3 = 7   11 − 8 = 3 / 11 − 1 − 7 = 3   14 − 5 = 9 / 14 − 4 − 1 = 9

③ Rechne mit einem Zwischenstopp bei 10.

a)
14 − 6 = 8 / 14 − 4 − 2 = 8   15 − 7 = 8 / 15 − 5 − 2 = 8   11 − 4 = 7 / 11 − 1 − 3 = 7   11 − 7 = 4 / 11 − 1 − 6 = 4

b)
17 − 9 = 8 / 7 2   12 − 8 = 4 / 2 6   13 − 5 = 8 / 3 2   14 − 9 = 5 / 4 5

c)
17 − 8 = 9 / 7 1   16 − 7 = 9 / 6 1   14 − 8 = 6 / 4 4   12 − 5 = 7 / 2 3

④ Löse jetzt die restlichen Aufgaben aus ① im Kopf.

63

Rechenwege und Rechentricks ⊕

S B S. 90

① Welche Verdopplungsaufgabe hilft dir? Schreibe sie auf.

7 + 8 = 15   5 + 6 = 11   6 + 7 = 13   7 + 6 = 13

7 + 7 = 14   z.B. 5 + 5 = 10   z.B. 6 + 6 = 12   z.B. 7 + 7 = 14

6 + 5 = 11   8 + 9 = 17   8 + 7 = 15   9 + 8 = 17

z.B. 6 + 6 = 12   z.B. 8 + 8 = 16   z.B. 8 + 8 = 16   z.B. 9 + 9 = 18

② Rechne mit einem Zwischenstopp bei 10.

7 + 5 = 12 / 3 2   8 + 4 = 12 / 2 2   9 + 7 = 16 / 1 6   5 + 8 = 13 / 5 3

3 + 8 = 11 / 7 1   6 + 8 = 14 / 4 4   7 + 4 = 11 / 3 1   8 + 6 = 14 / 2 4

③ Nahe an der 10

5 + 9 = 14   6 + 9 = 15   8 + 9 = 17   7 + 9 = 16

5 + 10 = 15   6 + 10 = 16   8 + 10 = 18   7 + 10 = 17

9 + 7 = 16   9 + 4 = 13   9 + 3 = 12   9 + 6 = 15

10 + 7 = 17   10 + 4 = 14   10 + 3 = 13   10 + 6 = 16

④ Rechne auf deinem Weg. Löse die Geheimschrift.

6 + 8 = 14 Z   7 + 5 = 12 T

14 + 4 = 18 A   4 + 12 = 16 R

7 + 6 = 13 U   8 + 7 = 15 I

13 + 6 = 19 B   9 + 8 = 17 C

5 + 6 = 11 E   4 + 5 = 9 K

7 + 9 = 16 R

| |
| 9 = K |
| 10 = W |
| 11 = E |
| 12 = T |
| 13 = U |
| 14 = Z |
| 15 = I |
| 16 = R |
| 17 = C |
| 18 = A |
| 19 = B |
| 20 = D |

64

① Rechne mit einem Zwischenstopp bei 10.

$13 - 8 = 5$ (3 5)
$12 - 7 = 5$ (2 5)
$15 - 6 = 9$ (5 1)
$17 - 8 = 9$ (7 1)

$15 - 9 = 6$ (5 4)
$14 - 8 = 6$ (4 4)
$16 - 7 = 9$ (6 1)
$12 - 5 = 7$ (2 3)

② Die Hälfte kann dir helfen. Finde jeweils zwei Aufgaben.

$16 - 8 = 8$
$14 - 7 = 7$
$18 - 9 = 9$
$12 - 6 = 6$

$17 - 8 = 9$
$15 - 7 = 8$
$19 - 9 = 10$
$13 - 6 = 7$

$15 - 8 = 7$
$13 - 7 = 6$
$17 - 9 = 8$
$11 - 6 = 5$

③ Nahe an der 10

$13 - 9 = 4$
$15 - 9 = 6$
$14 - 9 = 5$
$18 - 9 = 9$

$13 - 10 = 3$
$15 - 10 = 5$
$14 - 10 = 4$
$18 - 10 = 8$

$16 - 9 = 7$
$12 - 9 = 3$
$17 - 9 = 8$
$11 - 9 = 2$

$16 - 10 = 6$
$12 - 10 = 2$
$17 - 10 = 7$
$11 - 10 = 1$

④ Rechne auf deinem Weg. Löse die Geheimschrift.

$16 - 9 = 7$ [R] $12 - 9 = 3$ [T]
$14 - 8 = 6$ [E] $13 - 6 = 7$ [R]
$13 - 4 = 9$ [C] $16 - 12 = 4$ [I]
$17 - 9 = 8$ [H] $15 - 6 = 9$ [C]
$12 - 6 = 6$ [E] $11 - 9 = 2$ [K]
$15 - 10 = 5$ [N]

0 = Z		
1 = D		
2 = K		
3 = T		
4 = I		
5 = N		
6 = E		
7 = R		
8 = H		
9 = C		
10 = A		
11 = M		

65

Rechentricks:

Die Hälfte hilft. Das Doppelte hilft.	Nahe an der 10	Zwischenstopp bei 10
■ (dunkelrot)	■ (mittelrot)	■ (hellrot)

① Wie rechnest du? Färbe wie oben: ●, ● oder ●.

z. B. ● $7 + 8 = 15$ / $7 + 7 = 14$
● $16 - 9 = 7$ / $16 - 10 = 6$
● $6 + 8 = 14$ / $6 + 4 + 4 = 14$

● $6 + 9 = 17$ / $6 + 10 = 16$
● $12 - 7 = 5$ / $12 - 2 - 5 = 5$
● $13 - 6 = 7$ / $12 - 6 = 6$

● $8 + 3 = 11$ / $8 + 2 + 1 = 11$
● $13 - 5 = 8$ / $13 - 3 - 2 = 8$
● $9 + 8 = 17$ / $9 + 9 = 18$

● $9 + 5 = 14$ / $10 + 5 = 15$
● $14 - 9 = 5$ / $14 - 10 = 4$
● $15 - 7 = 8$ / $14 - 7 = 7$

② Färbe wie in Aufgabe ① und rechne im Kopf auf deinem Weg.

z. B. ● $17 - 9 = 8$
● $15 - 8 = 7$
● $5 + 7 = 12$

● $4 + 8 = 12$
● $5 + 6 = 11$
● $11 - 6 = 5$

● $14 - 5 = 9$
● $12 - 8 = 4$
● $13 - 9 = 4$

● $9 + 4 = 13$
● $7 + 9 = 16$
● $7 + 6 = 13$

4, 4, 5, 7, 8, 9, 11, 12, 12, 13, 13, 16

66

Du darfst auch mehrere Gummibänder verwenden.

① Spanne und zeichne:

ein hohes Haus   einen langen Pfeil   die Zahl 4

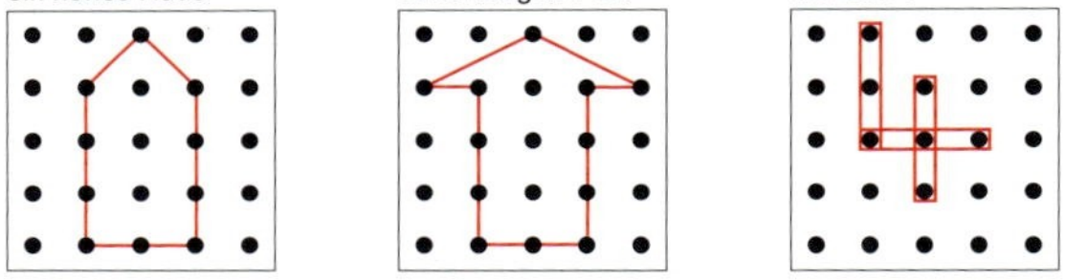

② Spanne und zeichne Quadrate:

das größte   ein kleines   eines in der Mitte

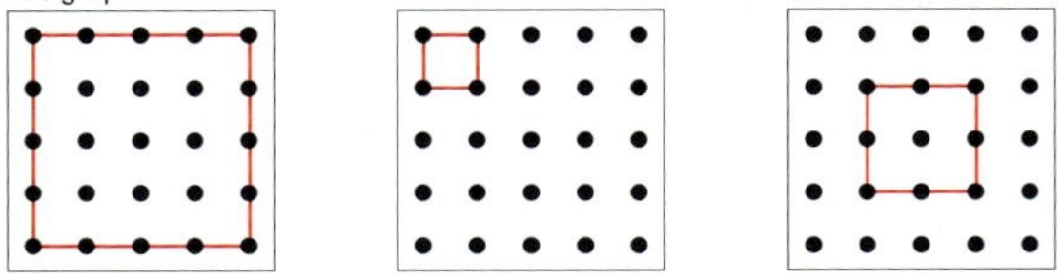

③ Spanne und zeichne Dreiecke: z. B.

ein großes   ein kleines   2 gleich große

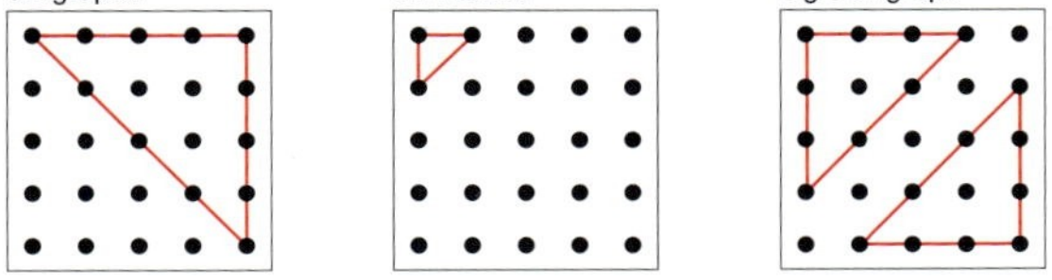

④ Ziehe das Gummiband immer um einen Nagel nach oben. Zeichne.

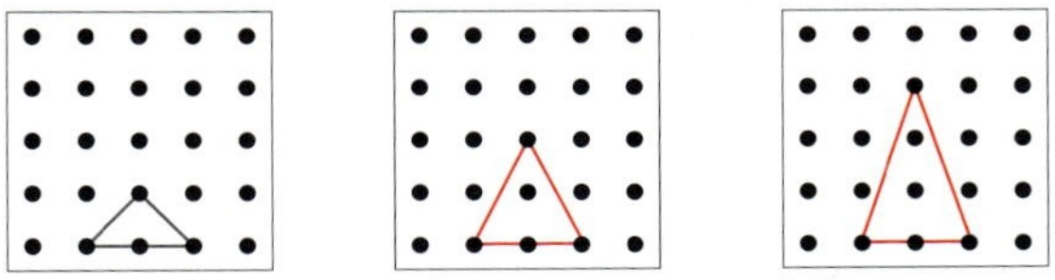

2. Figur   3. Figur

67

---

① Färbe die Kugeln so, dass du …

… keine rote Kugel ziehen kannst.   … immer eine rote Kugel ziehst.   … wahrscheinlich öfter eine blaue als eine rote Kugel ziehst.

(keine Kugel darf rot gefärbt sein)   (alle Kugeln müssen rot gefärbt sein)   (es muss mehr blaue als rote Kugeln geben)

② Bim möchte eine rote Kugel ziehen. Welches Säckchen sollte er wählen? Kreuze an ☒.

☐   ☐   ☒

③ Simsala hat gezogen und jedes Mal wieder zurückgelegt. Das waren die Ergebnisse. Welche Säckchen könnten es gewesen sein?

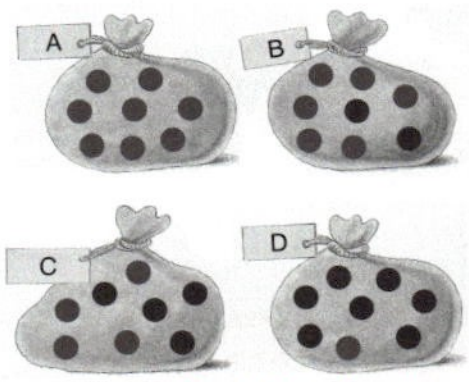

A   B

rot ●	
blau ●	||||| ||||| |||

Säckchen _D_ (C, B)

rot ●	|||||
blau ●	||||| |||

Säckchen C, D (B)

C   D

rot ●	||||| ||
blau ●	||

Säckchen _C_ (D)

rot ●	||||| |||||
blau ●	

Säckchen A, B (C, D)

(Es sind jeweils mehrere Säckchen möglich. Die Kinder sollten zu Begründungen aufgefordert werden.)

68

---

① Male zuerst. Schreibe dann die Rechnungen und Antworten dazu.

Jule hat 13 Murmeln.
Leon legt noch 5 dazu.

Maximilian hat 17 Aufkleber gesammelt.
Auf dem Heimweg verliert er 4 Aufkleber.

Rechnung:

_____ 13 + 5 = 18 _____

Rechnung:

_____ 17 − 4 = 13 _____

Antwort:

Jule hat jetzt __18__ Murmeln.

Antwort:

Maximilian hat nur noch __13__ Aufkleber.

② Finde die passenden Rechnungen.

Michael legt 12 blaue Steine auf den Teppich. Leon nimmt 3 Steine weg.

Rechnung:

__12 − 3 = 9__

Corinna hat 12 Stofftiere. Beim Losen gewinnt sie noch 3 Tiere dazu.

Rechnung:

__12 + 3 = 15__

Susi hat auf ihrer Kette schon 13 Perlen. 6 Perlen kommen noch dazu.

Rechnung:

__13 + 6 = 19__

Uli und Eva brauchen 15 Bilder. 7 Bilder haben sie schon fertig.

Rechnung:

z. B. __7 + 8 = 15__
z. B. __15 − 7 = 8__

Anika hat 8 Ballons. Monika hat 5. Wie viele Ballons hat Anika mehr?

Rechnung:

z. B. __8 − 5 = 3__
z. B. __5 + 3 = 8__

Paul hat 15 Muscheln. Er verschenkt 3 Muscheln.

Rechnung:

__15 − 3 = 12__

69

① Rechne mit einem Zwischenstopp bei 10.

a)

$5 + 7 = 12$ 5 2

$6 + 5 = 11$ 4 1

$8 + 4 = 12$ 2 2

b)

$2 + 9 = 11$ 8 1

$4 + 8 = 12$ 6 2

$7 + 9 = 16$ 3 6

c)

$12 − 5 = 7$ 2 3

$16 − 9 = 7$ 6 3

$14 − 5 = 9$ 4 1

d)

$15 − 8 = 7$ 5 3

$13 − 6 = 7$ 3 3

$17 − 8 = 9$ 7 1

② Welche Rechnung passt? Kreuze an ☒.

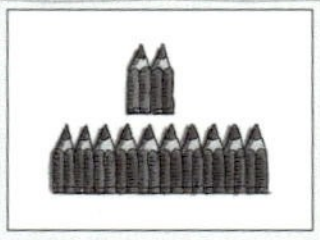

[X] $2 + 10 = 12$
[ ] $10 − 2 = 8$

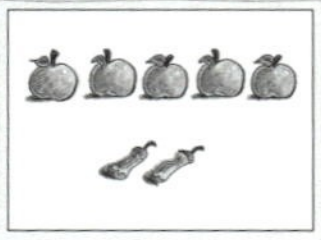

[ ] $7 + 2 = 9$
[X] $7 − 2 = 5$

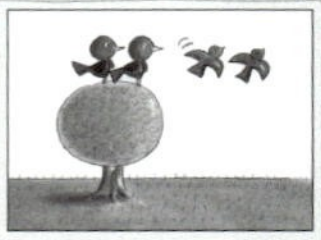

[ ] $2 + 4 = 6$
[X] $4 − 2 = 2$

70

❶ Schreibe die Aufgabe und rechne.

$7 + 6 = 13$

$4 + 9 = 13$

$7 + 7 = 14$

$11 − 2 = 9$

$13 − 6 = 7$

$15 − 9 = 6$

❷ Welche Rechnung hilft dir? Rechne.

$7 + 6 = 13$ $8 + 7 = 15$ $8 + 4 = 12$

$13 − 9 = 4$ $14 − 9 = 5$ $12 − 6 = 6$ $14 − 8 = 6$

❸ Plus ⊕ oder minus ⊖? Schreibe die Rechnung auf.

Hannes hat 18 Luftballons. 2 platzen.

__$18 − 2 = 16$__

Lisa hat 16 Perlen. Sie verschenkt 12 Perlen.

__$16 − 12 = 4$__

Johann hat 14 Aufkleber. Oma schenkt ihm noch 5.

__$14 + 5 = 19$__

❹ Färbe die Kugeln so, dass du …

… nur grüne Kugeln ziehen kannst.

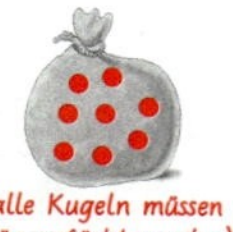

… keine blauen Kugeln ziehen kannst.

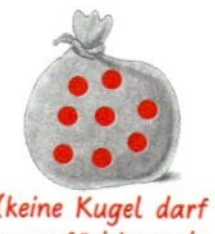

… wahrscheinlich öfter eine grüne als eine blaue Kugel ziehst.

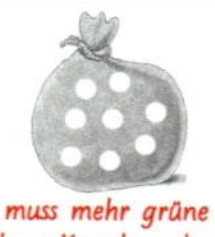

(alle Kugeln müssen grün gefärbt werden)

(keine Kugel darf blau gefärbt werden)

(es muss mehr grüne als blaue Kugeln geben)

71

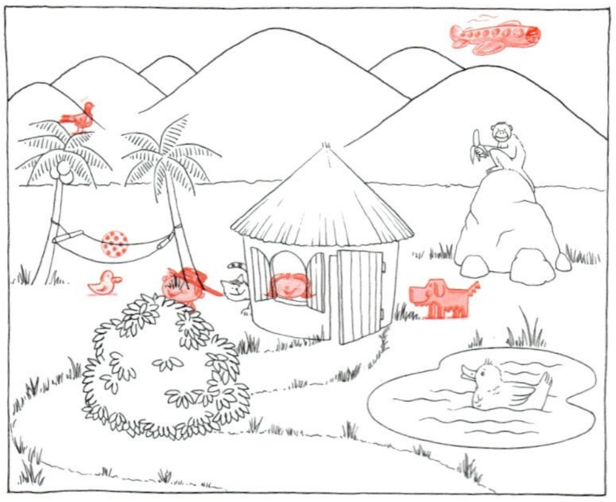

① Male …

… einen Buben [hinter] den 🪨.

… einen Ball [auf] die 🍌.

… ein Mädchen [in] das 📖.

… einen Hund [rechts neben] die 🛖.

… einen Vogel [auf] die 🌴.

… ein Flugzeug [über] die ⛰.

… eine Ente [unter] die 🌿.

Verstecke dich selbst im Bild.

② Wo ist was? Ergänze. [im] [auf] [hinter] [zwischen]

Der Affe ist [__auf__] dem 🪨.

Die Hängematte ist [__zwischen__] den 🌴.

Die Katze ist [__hinter__] der 🛖.

Die Ente ist [__im__] 🌿.

Vergleicht eure Bilder in der Klasse.

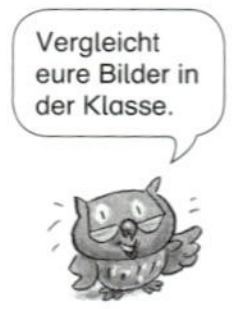

③ Wo könnte ein Schatz versteckt sein? _____

72

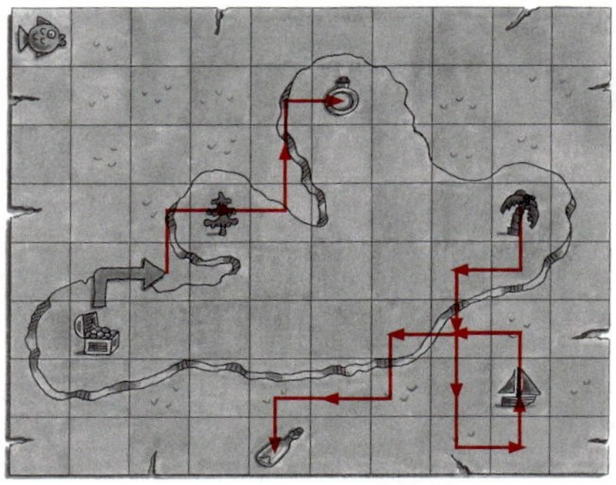

① Wo kommst du an? Zeichne den Weg und male das Ziel.

Start → Ziel
Start → Ziel
Start → Ziel

② Welcher Weg ist der richtige? Kreuze die Tanne an ☒.

Start → Ziel
Start → Ziel ☒

⭐ ③ Wo ist der Start? Zeichne ein.

Start → Ziel
Start → Ziel

73

Das sind 15 Euro.

① Wie viel Geld ist es? Trage ein.

_8_ €   _8_ €   _9_ €   _10_ €

_11_ €   _10_ €   _5_ €   _15_ €

② Male die Geldbeträge.

② ② ② ①	5	z.B. 5 ② ②	z.B. 5 5 ② ②
7 €	5 €	9 €	14 €

z.B. 5 ①	z.B. 5 ② ①	z.B. 5 ② 5 ①	z.B. 5 ② 5
6 €	13 €	18 €	12 €

Denke dir selbst Geldbeträge aus. Male sie in dein 📖.

③ Immer 3 Münzen sind in einem Geldbeutel. Wie viel Geld kann es sein?

②②② _6_ €   ②②① _5_ €   ②①① _4_ €   ①①① _3_ €

74

① Vergleiche mit ▷, ◁, =.

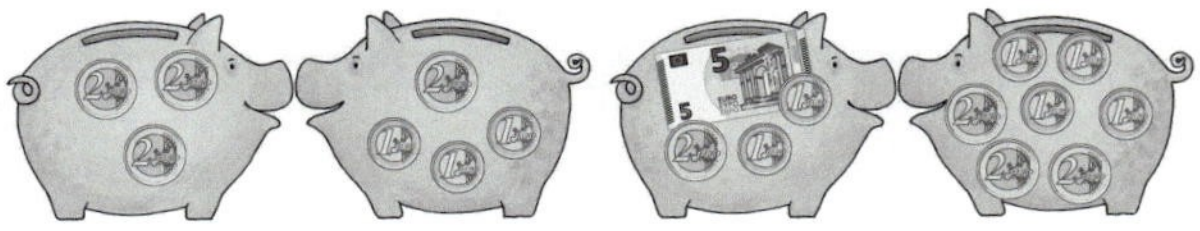

_6 €_ ▷ _5 €_   _9 €_ ◁ _10 €_

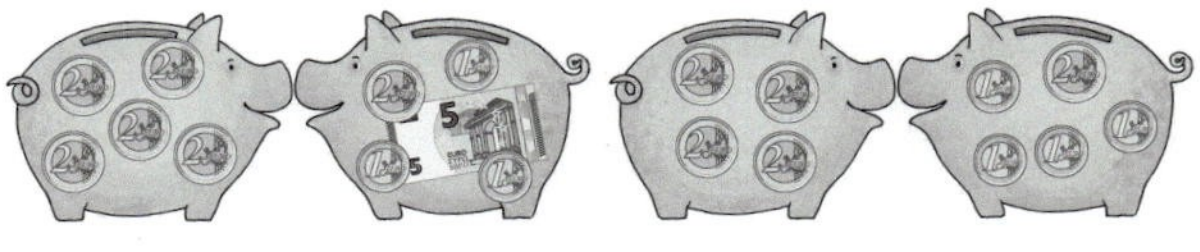

_10 €_ = _10 €_   _8 €_ ▷ _6 €_

⭐ ② In einem Sack sind immer 10 €.

Überlege zuerst. Du kannst auch Geld zu Hilfe nehmen.

5 ② ①   ② ② ② ②   ② ① ① ② ① ① ①

⭐ ③ In einem Sack sind immer 9 €.

② ② ② ①   5 ② ① ①   ② ② ① ①

75

△ 6 €   △ 3 €   △ 4 €   △ 2 €

① Wie viel musst du bezahlen? Schätze zuerst. Überprüfe dann durch Nachrechnen.

_6 € + 2 € = 8 €_   _4 € + 3 € = 7 €_   _6 € + 4 € = 10 €_

_2 € + 3 € = 5 €_   _4 € + 2 € + 2 € = 8 €_   _6 € + 3 € = 9 €_

② Wie kannst du bezahlen? Male.

Überlege: Welche Münzen und Scheine gibt es?

5 ①	z.B. ② ②
_6_ €	_4_ €

z.B. ② ①	z.B. 5
_3_ €	_5_ €

③ Wie viel bekommst du zurück?

🐍⚽	Ich gebe: 💶10	Ich bekomme zurück:
_6_ € + _3_ € = _9_ €		_10_ € − _9_ € = _1_ €

🐻🚗	Ich gebe: 💶10	Ich bekomme zurück:
_4_ € + _2_ € = _6_ €		_10_ € − _6_ € = _4_ €

⭐ | 🚗🚗⚽ | Ich gebe: 💶10 | Ich bekomme zurück: |
|---|---|---|
| _2_ € + _2_ € + _3_ € = _7_ € | | _10_ € − _7_ € = _3_ € |

76

Unser Geld: Cent (ct)

Das sind 15 Cent.

SB S. 106/107

① Wie viel Geld ist es? Trage ein.

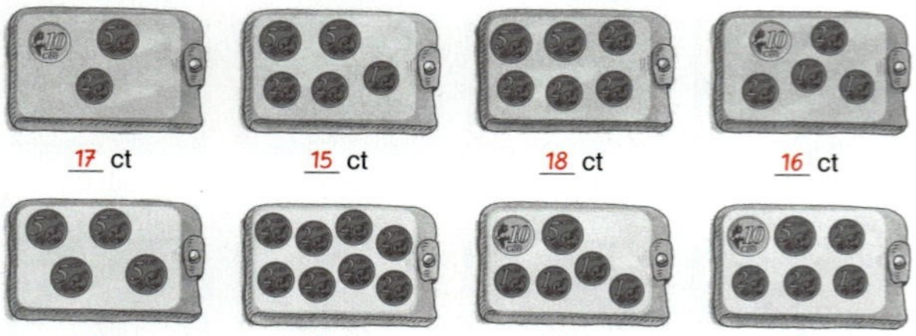

17 ct   15 ct   18 ct   16 ct

20 ct   16 ct   19 ct   22 ct

② Male die Geldbeträge.

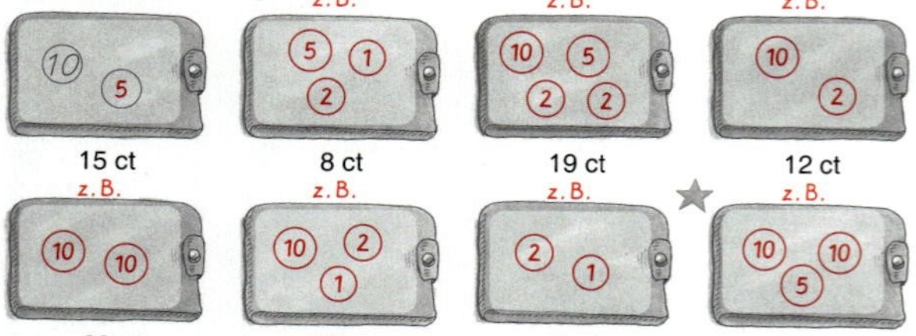

z. B.   z. B.   z. B.
15 ct   8 ct   19 ct   12 ct

z. B.   z. B.   z. B.   z. B.
20 ct   13 ct   3 ct   25 ct

✂ Denke dir selbst Geldbeträge aus. Male sie in dein 📖.

③ Welche Münzen fehlen? Ergänze sie.

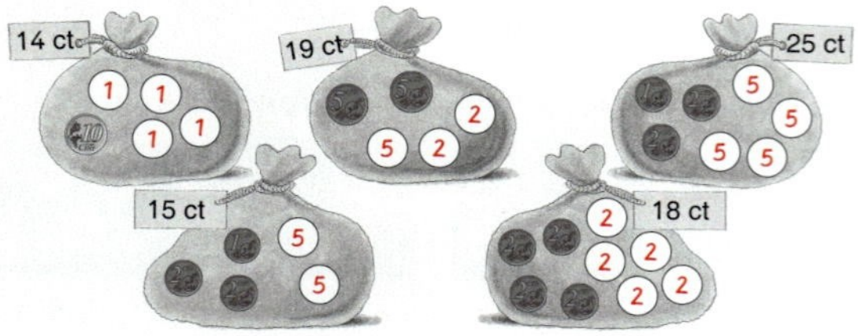

14 ct   19 ct   25 ct

15 ct   18 ct

77

Vorwärts und rückwärts auf dem Rechenstrich

SB S. 108/109

① Springe vorwärts und rückwärts. Schreibe die passenden Rechnungen auf.

a)
$+3$
12 ... 15
$12 + 3 = 15$

b)
-3
11 ... 14
$14 - 3 = 11$

-4
16 ... 20
$20 - 4 = 16$

$+5$
8 ... 13
$8 + 5 = 13$

$+6$
12 ... 18
$12 + 6 = 18$

-4
6 ... 10
$10 - 4 = 6$

② Springen und umkehren:
Schreibe Aufgabe und Umkehraufgabe auf.

Sprung	Aufgabe	Umkehraufgabe
7 ... 12	$7 + 5 = 12$	$12 - 5 = 7$
10 ... 14	$14 - 4 = 10$	$10 + 4 = 14$
12 ... 20	$12 + 8 = 20$	$20 - 8 = 12$
5 ... 13	$13 - 8 = 5$	$5 + 8 = 13$

③ Finde die Startzahl. Die Umkehraufgabe hilft.

$7 + 3 = 10$ $5 + 6 = 11$ $13 - 4 = 9$ $10 - 2 = 8$
$10 - 3 = 7$ $11 - 6 = 5$ $9 + 4 = 13$ $8 + 2 = 10$

78

Rechenrätsel mit Murmeln ①

SB S. 110/111

① Wie viele Murmeln waren zu Beginn im Sack?
Schreibe die Rechnungen auf.

Wie lautet jeweils die Antwort?

a)

Ich habe einige Murmeln im Sack. Ich nehme 10 Murmeln dazu. Jetzt habe ich 19 Murmeln.

Ich habe einige Murmeln im Sack. Ich nehme 5 Murmeln heraus. Jetzt habe ich 15 Murmeln.

Ich habe einige Murmeln im Sack. Ich nehme 7 Murmeln heraus. Jetzt habe ich 12 Murmeln.

R: $9 + 10 = 19$ R: $20 - 5 = 15$ R: $19 - 7 = 12$

b)
Ich habe einige Murmeln im Sack. Ich nehme 3 weg. Jetzt habe ich 16.

Ich habe einige Murmeln im Sack. Ich gebe 8 dazu. Nun habe ich 11.

R: $19 - 3 = 16$ R: $3 + 8 = 11$

c)
Ich habe einige Murmeln im Sack. Ich gebe 9 dazu. Nun habe ich 20.

Ich habe einige Murmeln im Sack. Ich nehme 11 heraus. Nun habe ich 5.

R: $11 + 9 = 20$ R: $16 - 11 = 5$

⭐ d)
Anna bekommt 5 Murmeln von Susi und 6 Murmeln von Lisa. Jetzt hat sie 20.

Franz bekommt 6 Murmeln von Andreas. 3 Murmeln verschenkt er. Jetzt hat er 14.

R: $9 + 5 + 6 = 20$ R: $11 + 6 - 3 = 14$

Überprüfe alle Aufgaben von ① durch Nachrechnen.

② Rechne.

$13 + 4 = 17$ $20 - 7 = 13$ $5 + 7 = 12$ $18 - 6 = 12$
$2 + 9 = 11$ $17 - 5 = 12$ $16 - 8 = 8$ $6 + 6 = 12$
$11 + 8 = 19$ $15 - 6 = 9$ $5 + 9 = 14$ $12 - 6 = 6$

79

Rechenrätsel mit Murmeln ②

SB S. 110/111

① Was ist passiert? Erzähle und schreibe eine passende Rechnung auf.

a)
Es sind 19 Murmeln im Sack. ★Simsalabim★. Nun sind es 3.

Es sind 15 Murmeln im Sack. ★Simsalabim★. Nun sind es 7.

R: $19 - 16 = 3$ R: $15 - 8 = 7$

b)
Es sind 17 Murmeln im Sack. ★Simsalabim★. Nun sind es 8.

Es sind 14 Murmeln im Sack. ★Simsalabim★. Nun sind es 19.

R: $17 - 9 = 8$ R: $14 + 5 = 19$

Überprüfe durch Nachrechnen.

② Löse die Rätsel.

a)
Ich habe einige Murmeln im Sack. Ich gebe 4 dazu. Nun habe ich 11. Wie viele waren es am Anfang?

Es sind 14 Murmeln im Sack. ★Simsalabim★. Nun sind es 5. Was ist passiert?

R: $7 + 4 = 11$ R: $14 - 9 = 5$

b)
Es sind 9 Murmeln im Sack. ★Simsalabim★. Nun sind es 19. Was ist passiert?

Ich habe einige Murmeln im Sack. Ich nehme 3 weg. Jetzt habe ich 4. Wie viele waren es am Anfang?

R: $9 + 10 = 19$ R: $7 - 3 = 4$

Überprüfe durch Nachrechnen.

③ Rechne. Denke dabei an die Geschichten mit dem Murmelsack.

a)
$5 + 3 = 8$
$7 + 5 = 12$
$17 - 8 = 9$
$20 - 9 = 11$
$4 + 8 = 12$

b)
$18 - 3 = 15$
$18 - 12 = 6$
$17 + 3 = 20$
$20 - 17 = 3$
$7 + 7 = 14$

c)
$3 + 8 = 11$
$21 - 2 = 19$
$10 + 5 = 15$
$13 + 4 = 17$
$13 - 5 = 8$

80

---

① Trage beide Uhrzeiten ein.

☀ 17.00 Uhr   ☀ 12.00 Uhr   ☀ 16.00 Uhr   ☀ 13.00 Uhr   ☀ 6.00 Uhr
🌙 5.00 Uhr   🌙 0.00 Uhr   🌙 4.00 Uhr   🌙 1.00 Uhr   🌙 18.00 Uhr

☀ 9.00 Uhr   ☀ 15.00 Uhr   ☀ 10.00 Uhr   ☀ 14.00 Uhr   ☀ 11.00 Uhr
🌙 21.00 Uhr   🌙 3.00 Uhr   🌙 22.00 Uhr   🌙 2.00 Uhr   🌙 23.00 Uhr

② Trage die Zeiger in die Uhren ein.

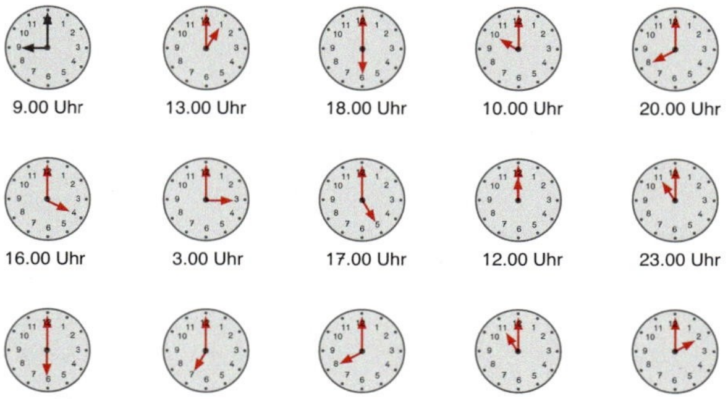

9.00 Uhr   13.00 Uhr   18.00 Uhr   10.00 Uhr   20.00 Uhr

16.00 Uhr   3.00 Uhr   17.00 Uhr   12.00 Uhr   23.00 Uhr

6.00 Uhr   19.00 Uhr   8.00 Uhr   11.00 Uhr   2.00 Uhr

81

① Ein Haus – viele Möglichkeiten
Du hast diese Dreiecke …   und diese Quadrate …

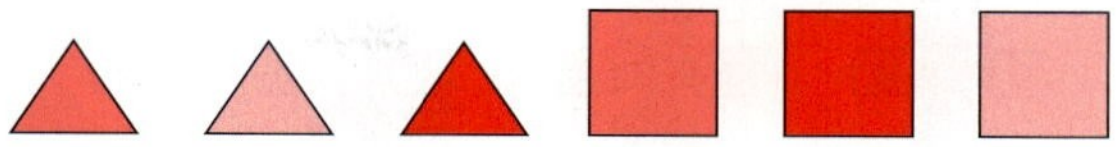

Wie viele verschiedene Häuser kannst du damit legen? Vermute: _____

Male an.

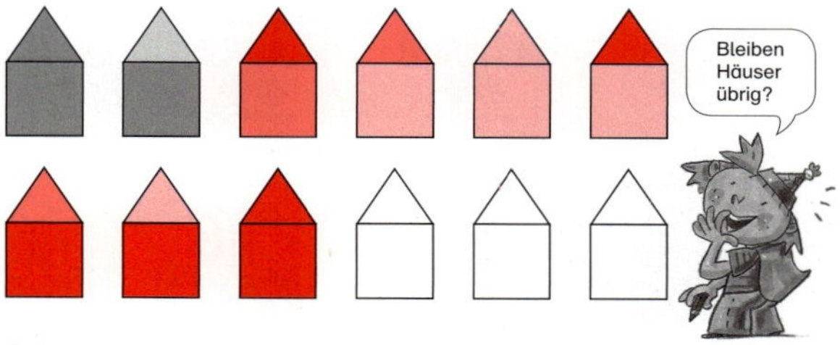

Bleiben Häuser übrig?

② Stefan hat 3 kurze Hosen und 4 T-Shirts.

① ② ③   ④ ⑤ ⑥ ⑦

Welche verschiedenen Kombinationen kann er anziehen? Male an.

82

① Trage die fehlenden Zahlen ein.

3 4 7 11 18   2 4 6 10 16
2 5 7 12 19   5 2 7 9 16
0 4 4 8 12   1 4 5 9 14
1 6 7 13 20   1 5 6 11 17

② Knobelelefanten

4 4 8 12 20   2 3 5 8 13
7 2 9 11 20   1 4 5 9 14
6 2 8 10 18   3 4 7 11 18

⭐ ③ Immer 18: Wie viele Lösungen findest du?

0 9 9 18   10 4 14 18

z. B.	2	8	10	18		12	3	15	18
	4	7	11	18		14	2	16	18
	6	6	12	18		16	1	17	18
	8	5	13	18		18	0	18	18

83

① Ergänze die Rechendreiecke.

16 10 / 9 3 / 12   12 7 19 / 5 12 / 17   17 15 / 8 6 / 14   11 5 12 / 6 7 / 13

② Ergänze die Rechendreiecke.

7 3 19 / 4 16 / 20   15 12 21 / 3 9 / 12   10 4 9 / 6 5 / 11   11 3 9 / 8 6 / 14

③ Ergänze die Rechendreiecke.

19 11 15 / 8 4 / 12   15 8 14 / 7 6 / 13   13 10 19 / 3 9 / 12   7 6 15 / 1 9 / 10

④ Es sind immer 12 Plättchen in einem Dreieck.

8 7 / 9   9 10 / 5

z. B.

7 10 / 9   10 8 / 6

⑤ Knobeldreieck

6   4   5 / 2 1 / 3

84

Auf dem Planeten der Mathener

1 Baue die Mathener fertig.

Figur 1: oben **9**, links 6, rechts 3
Figur 2: oben **7**, links 5, rechts **2**
Figur 3: oben **15**, links 7, rechts 8
Figur 4: oben **13**, links 4, rechts 9

2 Diese Figuren wollen Mathener werden.

Figur 1: oben 16, links 8, rechts **8**
Figur 2: oben 14, links 5, rechts **9**
Figur 3: oben 11, links 4, rechts **7**
Figur 4: oben 12, links **4**, rechts 8

3 Mathener-Zwillinge gesucht.

a) oben 13, links 6, rechts **7** — oben 13, links 5, rechts **8**

b) oben 17, links 11, rechts **6** — oben 17, links 4, rechts **13**

c) oben 16, links 10, rechts 6 — oben **16**, links 7, rechts **9**

d) oben **18**, links 9, rechts 9 — oben 18, links 6, rechts **12**

4 Ufos der Mathener

Erfinde weitere Ufos in deinem 📖

Ufo: 5 / 1 3 / 2 4

Ufo: 11 / 3 5 / **6** 8
Ufo: 16 / 1 **13** / 3 **9**
Ufo: 20 / 13 9 / **11** 7
Ufo: 19 / 1 **13** / **13** 6

Hier gibt es viele Lösungen.

85

Grundwissen 5

1 Verdopple.   Halbiere.

$2 + 2 = 4$ $4 + 4 = 8$ $18 = 9 + 9$ $14 = 7 + 7$

$8 + 8 = 16$ $7 + 7 = 14$ $10 = 5 + 5$ $8 = 4 + 4$

$6 + 6 = 12$ $9 + 9 = 18$ $12 = 6 + 6$ $16 = 8 + 8$

2 Zerlege.

10		12		16		18	
6	4	10	2	8	8	9	9
7	3	3	9	7	9	6	12
9	1	7	5	14	2	11	7
8	2	4	8	6	10	13	5
5	5	6	6	3	13	15	3

Du kannst auch weitere Häuser in dein 📖 schreiben oder diese Häuser im 📖 verlängern.

3 Kleine und große Aufgaben

$6 + 3 = 9$ $5 + 4 = 9$ $7 + 2 = 9$ $3 + 7 = 10$
$16 + 3 = 19$ $15 + 4 = 19$ $17 + 2 = 19$ $13 + 7 = 20$

$9 - 7 = 2$ $6 - 5 = 1$ $4 - 3 = 1$ $8 - 5 = 3$
$19 - 7 = 12$ $16 - 5 = 11$ $14 - 3 = 11$ $18 - 5 = 13$

4 Über den Zehner: Rechne auf deinem Weg.

$9 + 6 = 15$ $8 + 4 = 12$ $14 - 7 = 7$ $11 - 8 = 3$
$7 + 8 = 15$ $9 + 4 = 13$ $18 - 9 = 9$ $14 - 9 = 5$
$6 + 8 = 14$ $7 + 6 = 13$ $16 - 8 = 8$ $16 - 7 = 9$
$8 + 5 = 13$ $7 + 4 = 11$ $17 - 9 = 8$ $15 - 6 = 9$

86

Bist du fit? 5

1 Wie viel Geld ist es? Trage ein.

17 €   **10** €

2 Ergänze.

13 €   19 €

3

Ball 8€, Auto 5€, Teddy 9€, Stift 6€

a) Wie viel musst du bezahlen?

$5 € + 8 € = 13 €$ $9 € + 6 € = 15 €$ $8 € + 5 € + 6 € = 19 €$

b) Wie viel bekommst du zurück?

Ich gebe: / Ich bekomme zurück:
$8 € + 6 € = 14 €$ 20 € $20 - 14 € = 6 €$
$9 € + 5 € = 14 €$ 15 € $15 € - 14 € = 1 €$

4 Löse die Rätsel. Schreibe die Rechnung auf.

Es sind 8 Murmeln im Sack. ★Simsalabim!★ Nun sind es 19 Murmeln.
$8 (+) 11 = 19$

Ich habe einige Murmeln im Sack. Ich nehme 9 Murmeln heraus. Jetzt habe ich 5 Murmeln.
$14 (-) 9 = 5$

Es sind 13 Murmeln im Sack. ★Simsalabim!★ Nun sind es 4 Murmeln.
$13 (-) 9 = 4$

87

Für Zahlenzauberer und Rechenkünstler

1 Gleiche Zeichen stehen für die gleiche Zahl. Trage die fehlenden Zahlen ein.

$4 + 🍎 = 🍎$ $5 + 🍇 = 🎩$ $🎩 - 2 = 🍎$
$4 + 7 = 11$ $5 + 4 = 9$ $9 - 2 = 7$

$12 - 🍇 = 8$ $🎩 + 7 = 🐚$ $🐚 - 5 = 🍎$
$12 - 4 = 8$ $9 + 7 = 16$ $16 - 5 = 11$

2 Zahl gesucht!
Tipp: Streiche die Luftballons durch, die es nicht sein können!

1 ~~2~~ ~~3~~ ~~4~~ ~~5~~ 6 ~~7~~ ~~8~~ ~~9~~ ~~10~~

Die Zahl ist gerade.

Verdoppelst du die Zahl, ist das Ergebnis größer als 8.

Halbierst du die Zahl, liegt das Ergebnis zwischen 2 und 4.

3 Schwarzes Schaf! Welche Zahl passt nicht dazu? Kreise sie ein.

gerade Zahlen: 2, 18, **(7)**, 6, 12

Zahlen > 10: 12, 15, **(8)**, 13, 18

ungerade Zahlen: 1, 3, 7, 5, **(14)**

4 Geheimschrift: gleiches Symbol — gleiche Ziffer

$☆ + ☆ = ▲$ $♥ + ♥ = 🐟$ $▲ + ▲ = ♥$
$5 + 5 = 10$ $2 + 2 = 4$ $1 + 1 = 2$

$▲ + ▮ = ▲$ $▲ - 🐟 = ❀$ $❀ - ▲ = ☆$
$1 + 0 = 1$ $10 - 4 = 6$ $6 - 1 = 5$

88

1 Wie viele sind es? Zähle und schreibe auf.

🪼	⫿⫿⫿⫿⫿ ⫿⫿	7	🐢		
🐟			💍		
🐚			⭕		
⭐			🔑		
🪙					
🐬					

Zahlen schreiben ①  S B S. 8/9

① Spure nach.

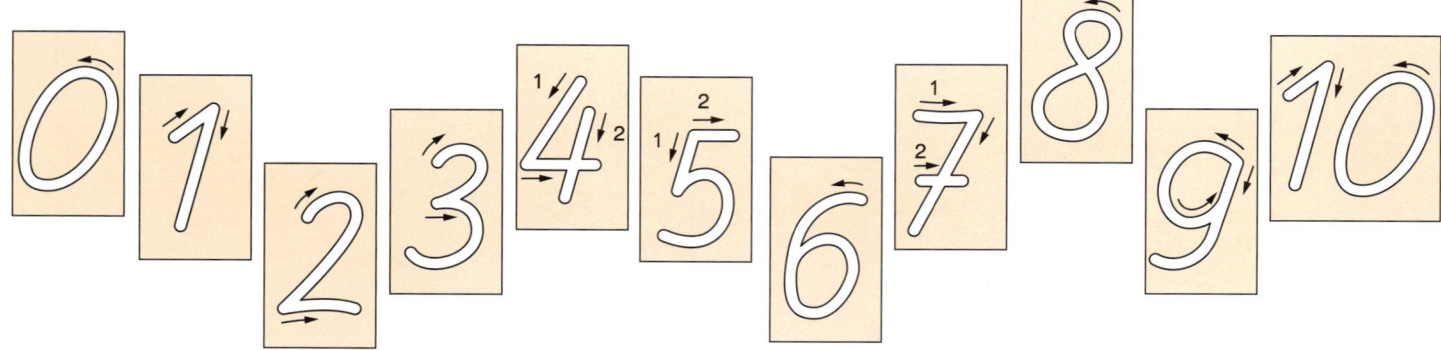

② Spure nach und führe fort.

0	0								

1	1								

2	2								

3	3								

4	4								

6

Spure nach und führe fort.

5 | 5 | 5 |

6 | 6 | 6 |

7 | 7 | 7 |

8 | 8 | 8 |

9 | g | g |

10 | 10 | 10 |

| 0 | 1 | 2 | | | | | | 10 | | |

Zählen in der Schule

SB S. 6/7

① Wie viele sind es? Zähle und schreibe auf.

	卌 ||	7

① Vervollständige die Schüttelergebnisse. Male und schreibe auf.

a)

4 + 1   __ + __   __ + __

> Eine Schüttelschachtel hilft dir.

b)

5 + __   __ + __   __ + __

② Suche alle möglichen Schüttelergebnisse. Male und schreibe auf.

a)

__ + __   __ + __   __ + __

   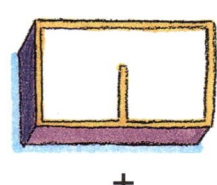

__ + __   __ + __   __ + __   __ + __

b)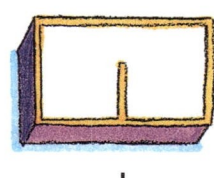

__ + __   __ + __   __ + __

         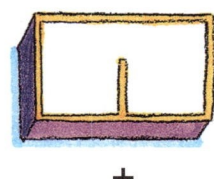

__ + __   __ + __   __ + __   __ + __

   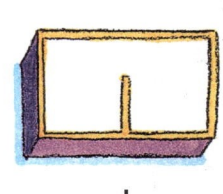      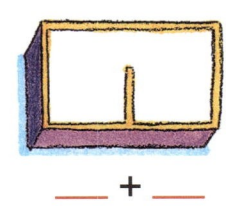

__ + __   __ + __   __ + __   __ + __

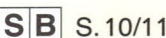

① Verbinde.

② Finde die richtigen Zerlegungen.

4	5	6	8
2 + __	3 + __	5 + __	3 + __
1 + __	__ + 4	__ + 3	__ + 4
0 + __	2 + __	__ + 2	2 + __
3 + __	__ + 0	0 + __	__ + 0
4 + __	__ + 1	1 + __	__ + 7

③ Färbe passend zum Hut.

2 + 2   1 + 8   6 + 3   3 + 3   7 + 2

0 + 6

4 + 0   9 + 0   5 + 4

6 + 0   3 + 1   4 + 5   5 + 1

10

① Male an: linke Hand lila, rechte Hand rot.

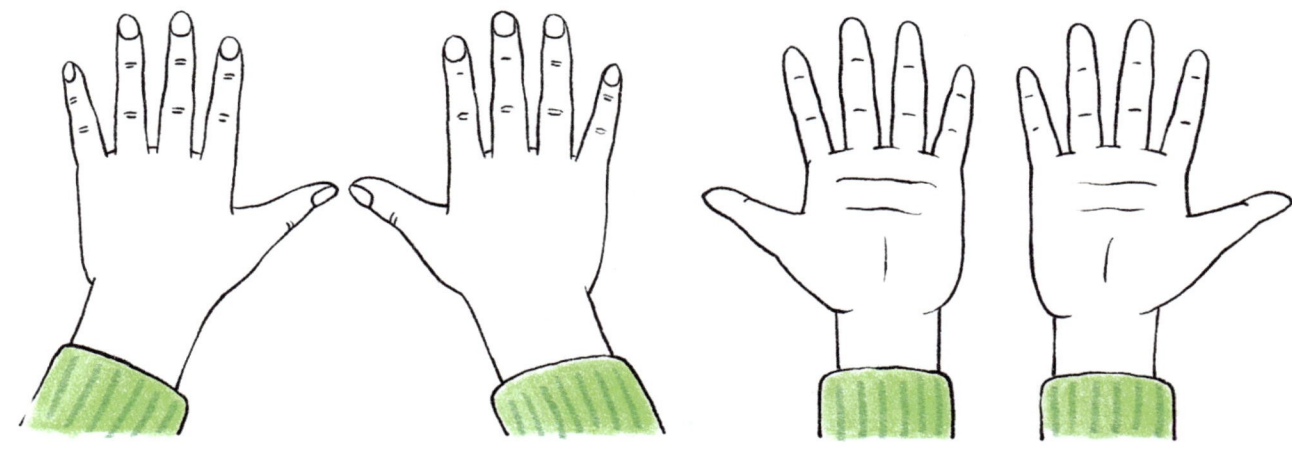

②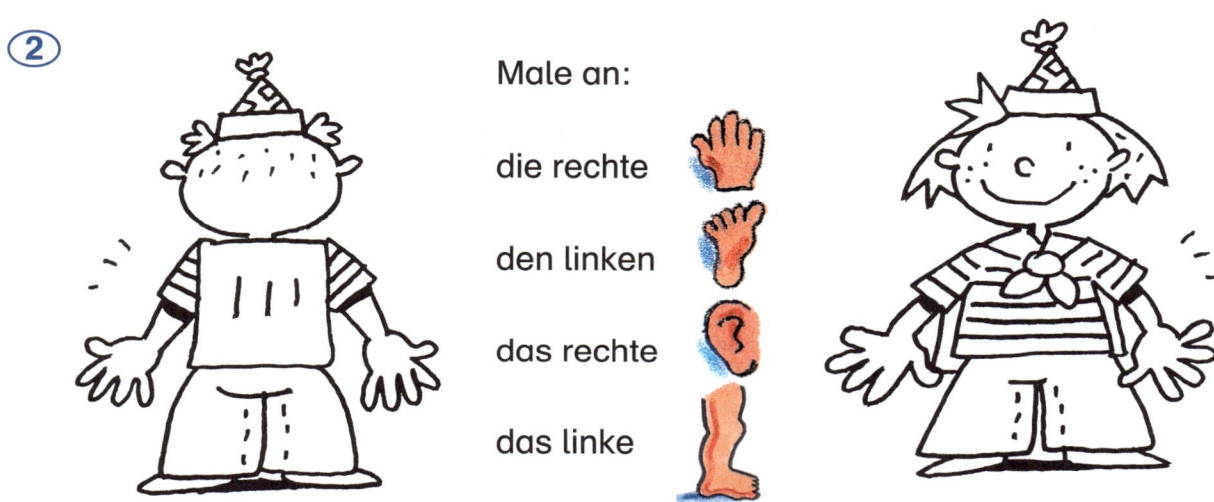

Male an:

die rechte

den linken

das rechte

das linke

Und wie ist es hier?

③ Welche Farbe kommt als erste an?

Welche Kugel ist hier vorn?

Und hier?

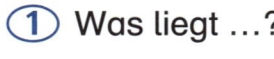

① Was liegt …?

über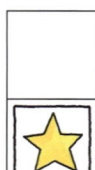

unter

zwischen

links von

rechts von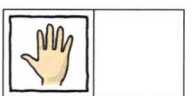

② Zeichne ins Neunerfeld.

Mitte: unten rechts:

oben rechts: Mitte rechts:

unten links: oben links:

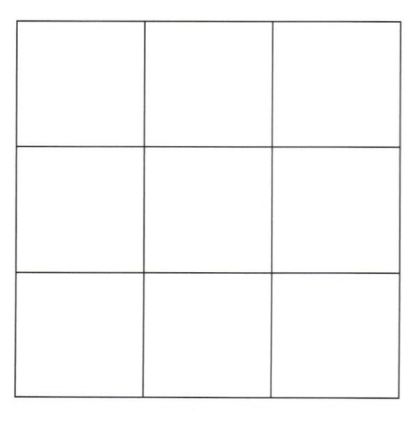

Zahlenzauber 1 – Arbeitsheft © 2016 Cornelsen Schulverlage GmbH, Berlin. Alle Rechte vorbehalten.

① Zähle auf einen Blick.

7

② Verbinde.

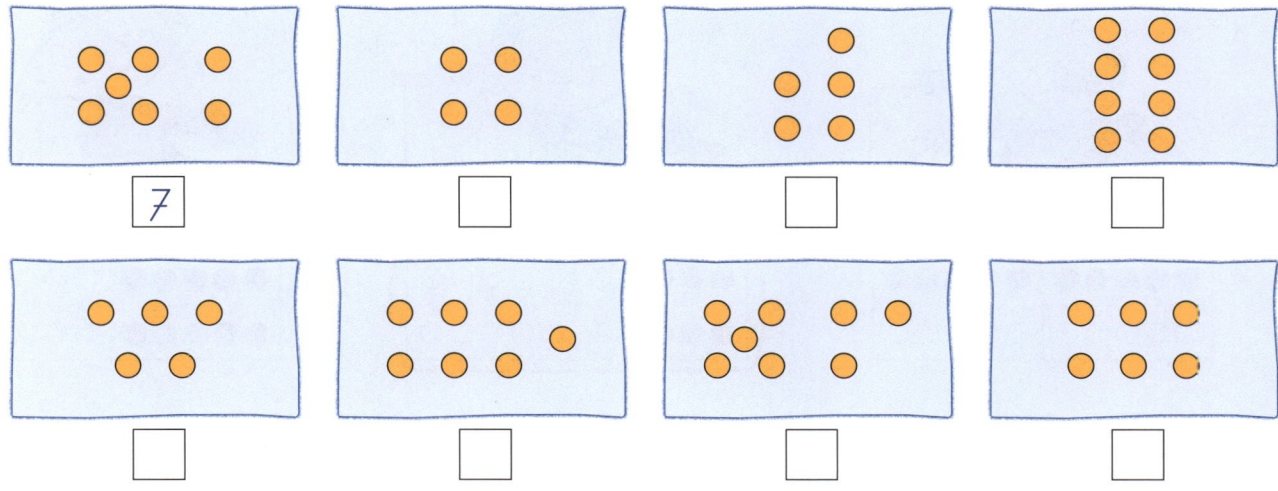

9   5   10   8   6

③ Zeichne so, dass du auf einen Blick zählen kannst. Finde eine zweite Möglichkeit.

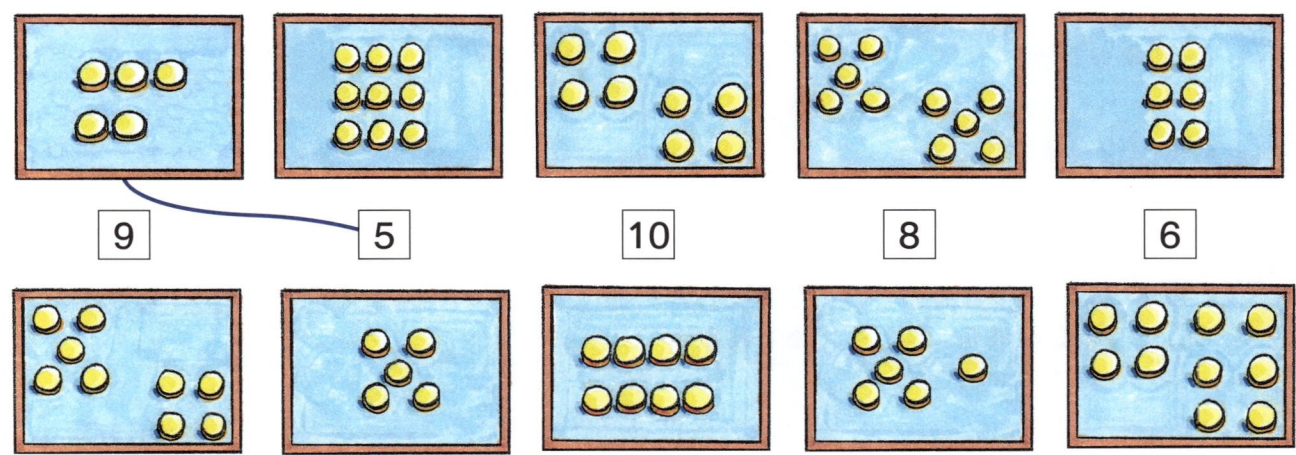

8   5   6   9   7

8   5   6   9   7

① Kreise mit der richtigen Farbe ein.

② Wie viele Plättchen sind es?

10

___   ___

___   ___   ___

___   ___   ___

⭐ ③ Wie viele Plättchen sind versteckt?

5

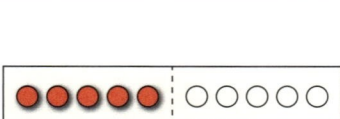

___   ___

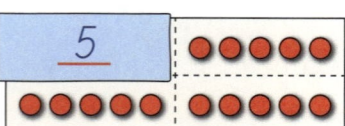   ___

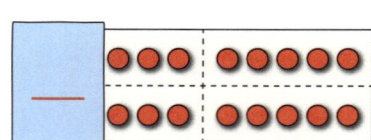   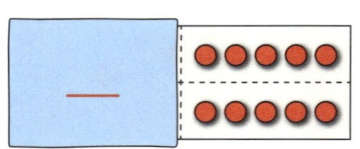

1 Immer 10:
Male in blauer Farbe dazu und schreibe auf.

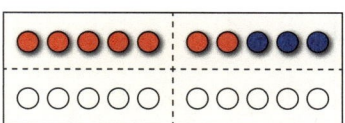 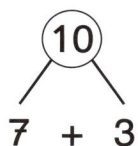

7 + 3

6 + ___

5 + ___

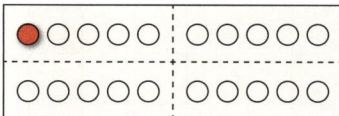

1 + ___

4 + ___

8 + ___

2 + ___

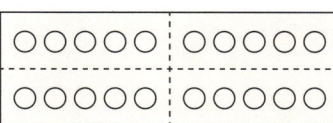

0 + ___

2 Wie viele Zerlegungen gibt es? Schreibe sie auf.

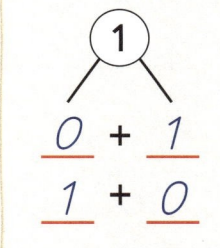

1

0 + 1
1 + 0

___ Zerlegungen

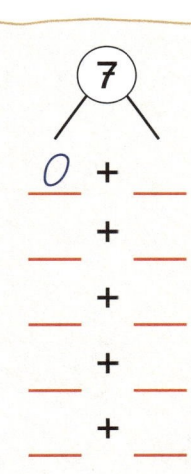

7

0 + ___
___ + ___
___ + ___
___ + ___
___ + ___
___ + ___
___ + ___
___ + ___

___ Zerlegungen

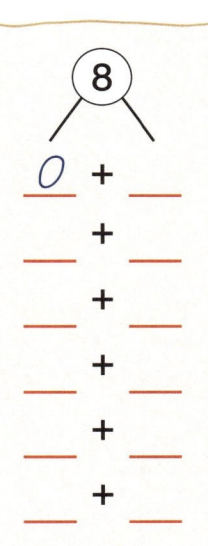

8

0 + ___
___ + ___
___ + ___
___ + ___
___ + ___
___ + ___
___ + ___
___ + ___
___ + ___

___ Zerlegungen

9

0 + ___
___ + ___
___ + ___
___ + ___
___ + ___
___ + ___
___ + ___
___ + ___
___ + ___
___ + ___

___ Zerlegungen

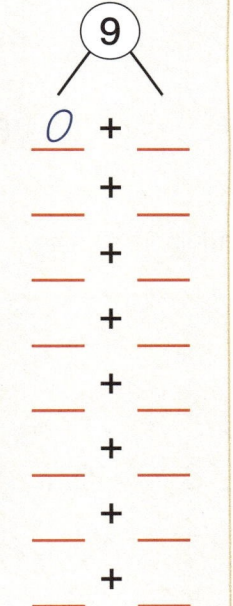

10

0 + ___
___ + ___
___ + ___
___ + ___
___ + ___
___ + ___
___ + ___
___ + ___
___ + ___
___ + ___
___ + ___

___ Zerlegungen

Was fällt dir
auf?

15

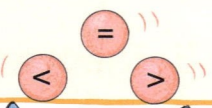

① Setze die Zahlen ein und vergleiche mit >, <, =.

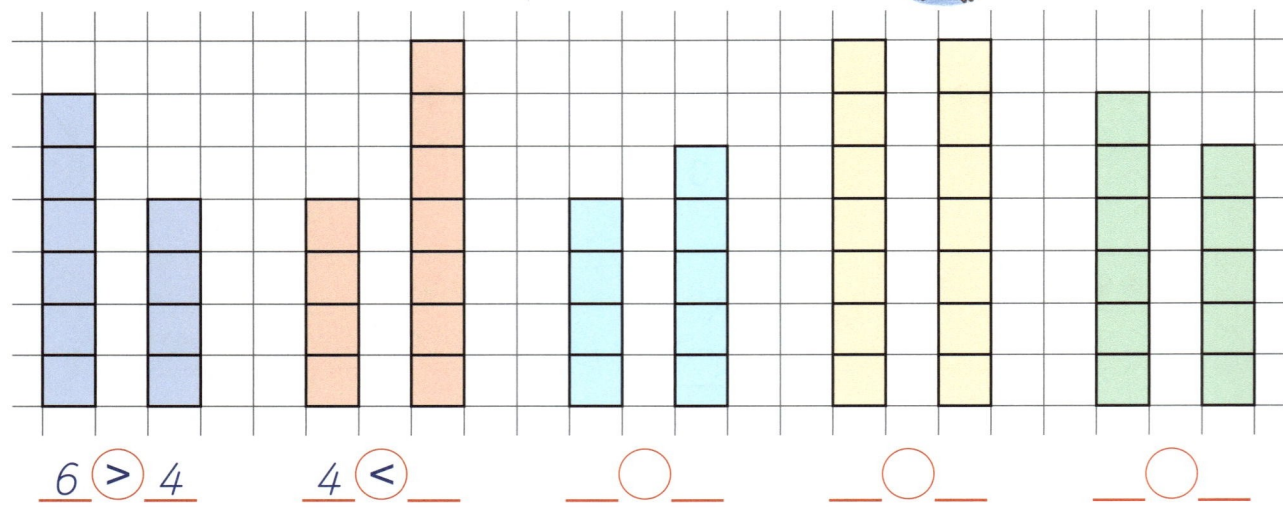

6 > 4   4 < __   __ ◯ __   __ ◯ __   __ ◯ __

② Zeichne und setze ein: >, <, =.

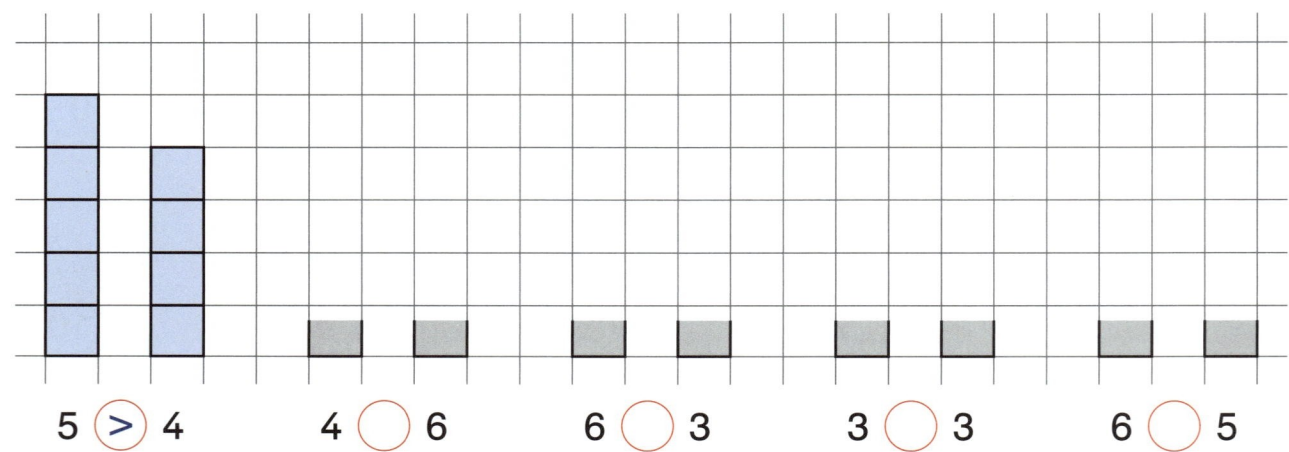

5 > 4   4 ◯ 6   6 ◯ 3   3 ◯ 3   6 ◯ 5

③ Vergleiche mit >, <, =.

a)
3 < 8   7 ◯ 8
4 ◯ 8   8 ◯ 8
5 ◯ 8   9 ◯ 8
6 ◯ 8   10 ◯ 8

b)
5 ◯ 6   9 ◯ 10
6 ◯ 5   9 ◯ 9
5 ◯ 5   10 ◯ 9
6 ◯ 6   10 ◯ 10

c)
2 ◯ 0   4 ◯ 3
2 ◯ 1   3 ◯ 3
2 ◯ 2   2 ◯ 3
2 ◯ 3   1 ◯ 3

d)
1 ◯ 9   0 ◯ 5
8 ◯ 2   10 ◯ 3
3 ◯ 7   4 ◯ 9
6 ◯ 4   7 ◯ 7

16

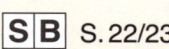

1 Wer gewinnt? Markiere ✓.

(Agata)		Leon
✓ 3	>	2
✓ 5	>	4
3	<	4 ✓
✓ 6	>	1

Marek		Amelie
5	○	6
4	○	3
6	○	8
9	○	9

Anna		Franz
7	○	9
10	○	10
6	○	7
5	○	0

Jule		Erkan
3	○	3
5	○	0
4	○	6
10	○	10

Hannah		Max
7	○	9
6	○	6
10	○	8
1	○	10

Lisa		Stefan
12	○	15
13	○	11
___	<	9
1	>	___

2 Mit welcher Zahl gewinnst du …

a) gegen die 4 ?
___ > 4
___ > 4
___ > 4
___ > 4

b) gegen die 2 ?
___ > 2
___ > 2
___ > 2
___ > 2

c) gegen die 6 ?
___ > 6
___ > 6
___ > 6
___ > 6

d) gegen die 7 ?
___ > 7
___ > 7
___ > 7
___ > 7

3 Mit welcher Zahl verlierst du …

a) gegen die 4 ?
___ < 4
___ < 4
___ < 4
___ < 4

b) gegen die 8 ?
___ < 8
___ < 8
___ < 8
___ < 8

c) gegen die 6 ?
___ < 6
___ < 6
___ < 6
___ < 6

d) gegen die 10 ?
___ < 10
___ < 10
___ < 10
___ < 10

1 Zahlen blitzschnell erkannt.

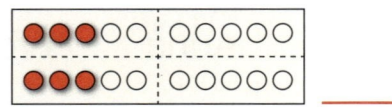 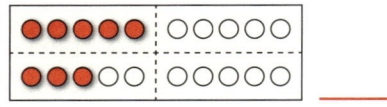

2 Immer 10: Male und schreibe auf.

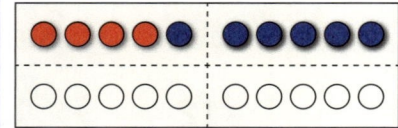

10
4 + *6*

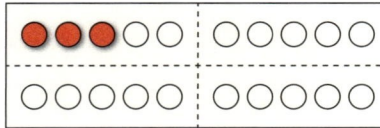 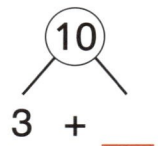

10
3 + __

10
10 + __

10
6 + __

10
9 + __

10
2 + __

10
5 + __

10
7 + __

3 Welche Zahl fehlt? Male und schreibe auf.

    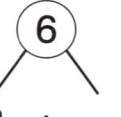    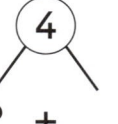

2 + __   3 + __   2 + __

4 + __   2 + __   0 + __

1 + __   6 + __   3 + __

3 + __   5 + __   1 + __

0 + __   4 + __   4 + __

① Zahlen blitzschnell erkannt.

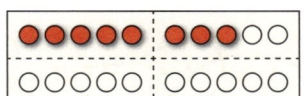

② Immer 10: Male und schreibe auf.

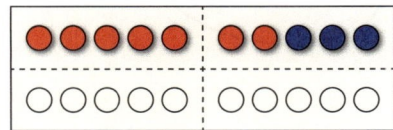 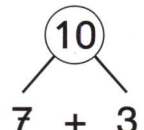

7 + 3

5 + ___

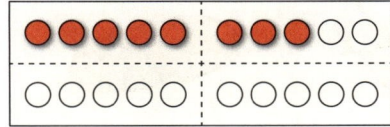 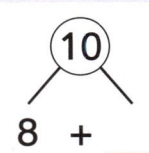

8 + ___

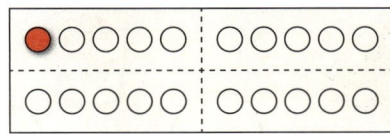 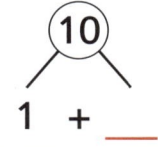

1 + ___

③ Zerlege und setze fort. Schreibe alle möglichen Aufgaben in dein 📖.

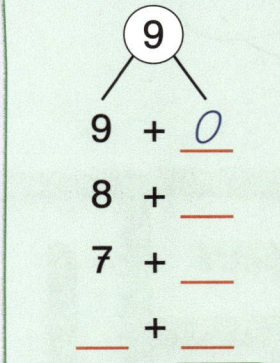

9

9 + *0*
8 + ___
7 + ___
___ + ___

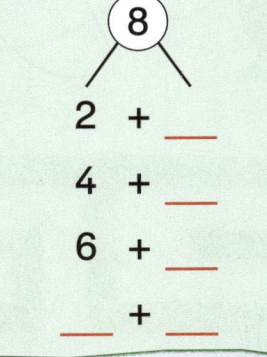

8

2 + ___
4 + ___
6 + ___
___ + ___

10

5 + ___
4 + ___
3 + ___
___ + ___

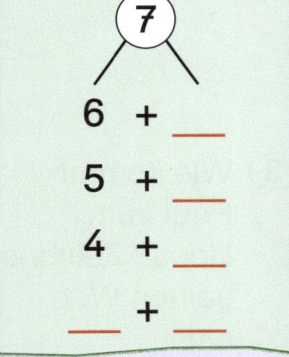

7

6 + ___
5 + ___
4 + ___
___ + ___

④ Vergleiche mit ⊘, ⊘, ⊜.

a)
7 > 3
5 ○ 1
9 ○ 9

b)
8 ○ 7
10 ○ 2
6 ○ 5

c)
4 ○ 6
2 ○ 8
9 ○ 3

d)
10 ○ 10
7 ○ 5
3 ○ 4

① Wer spielt mit welchem Ball?
Fahre mit verschiedenen Farben nach.

② Was kauft Lisa ein? Fahre nach und kreuze an **X**.

③ Wie kommt
Paul zum
Haus? Zeichne
seinen Weg
ein.

20

1 Findest du Bonbon und Schraubenzieher?
Male sie an.

Findest du Schuh und Krone?
Male sie an.

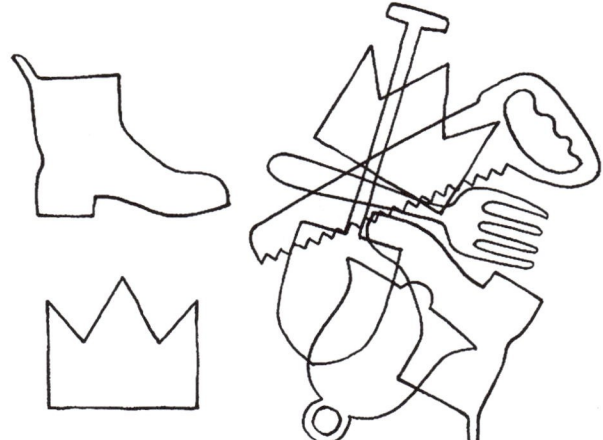

2 Male gleich große Kreise in derselben Farbe an.

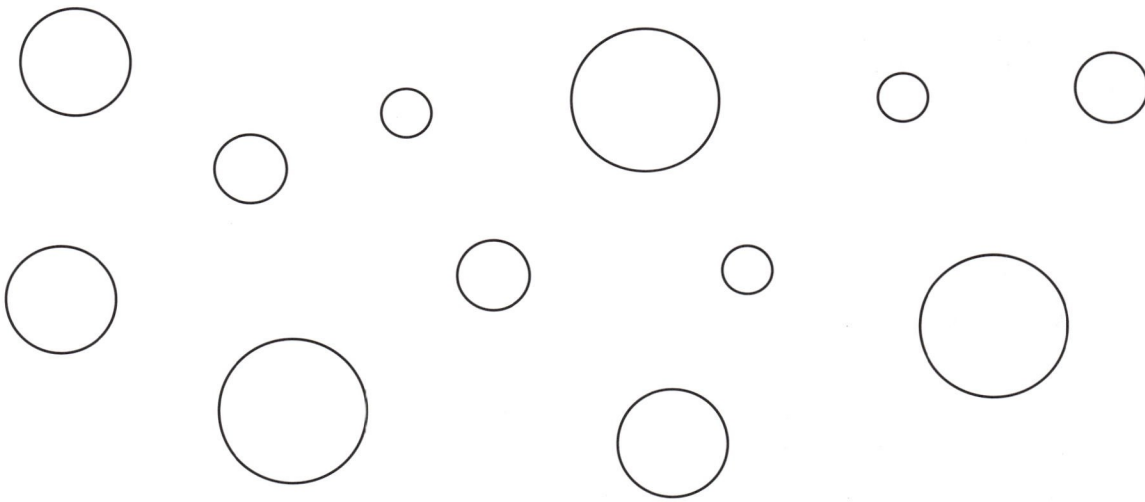

3 Male Dreiecke △ an.

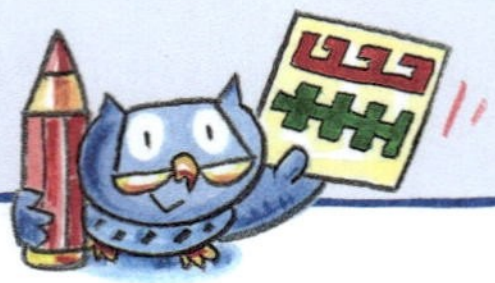

① Lege mit deinen Plättchen eine Figur. Umfahre die Plättchen.

② Lege mit deinen Plättchen ein Muster. Dein Partner legt es nach.
Vergleicht eure Muster in der Klasse.

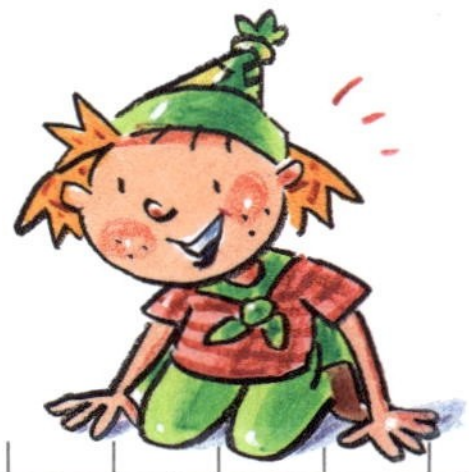

③ Setze die Muster fort.

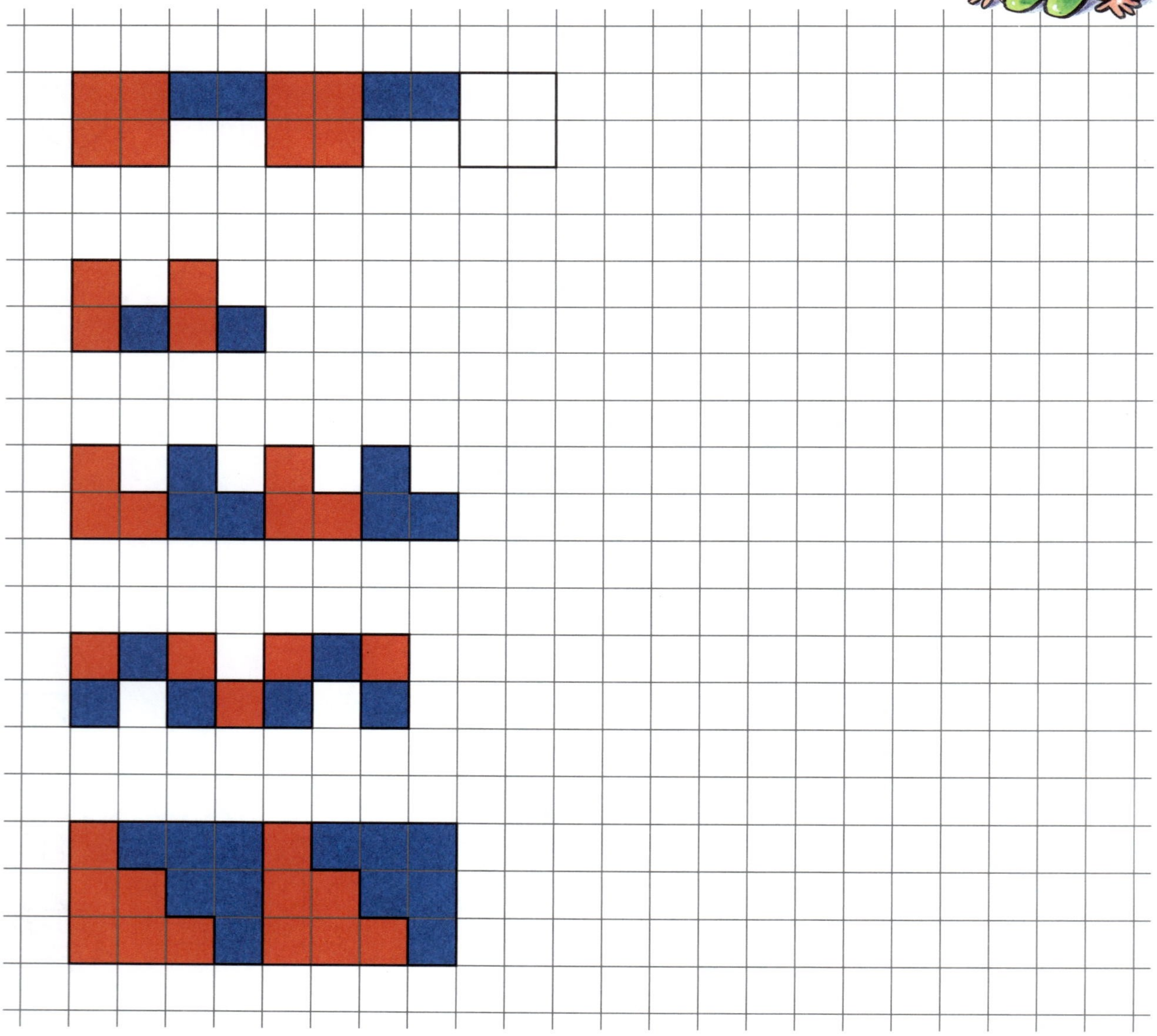

Male weitere Muster in dein .

① Male dazu oder streiche weg.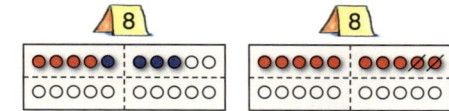

a)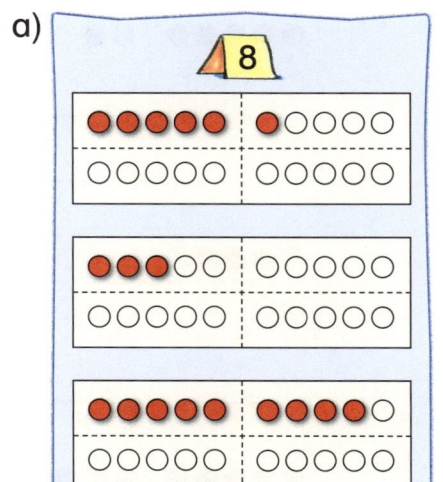

b)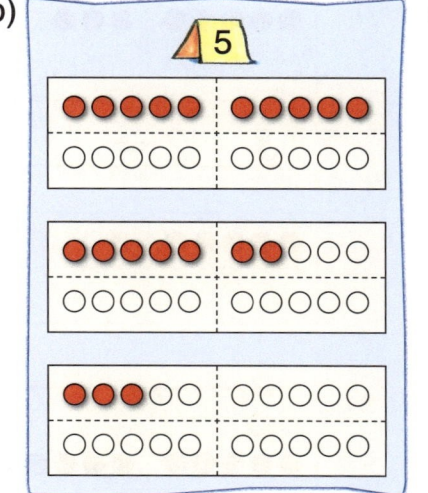

c)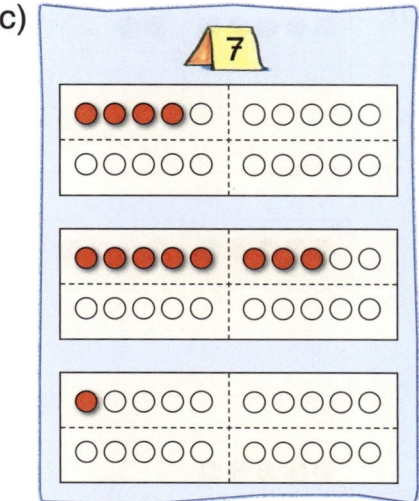

② Wie viele Plättchen sind es dann? Male und schreibe auf.

 1 dazu 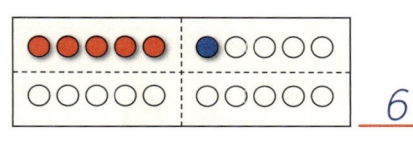 _6_

5 weg 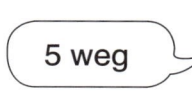 _3_

2 dazu  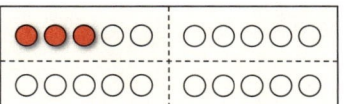 ___

3 weg  ___

3 dazu  ___

2 weg ___

4 dazu ___

4 weg 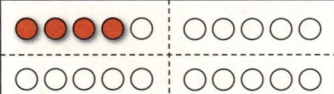 ___

2 dazu 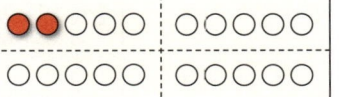 ___

1 weg ___

S B S. 30/31

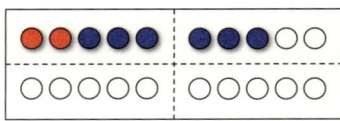

① Wie heißt die Rechnung?

a)

$3 + 4 = 7$

$\underline{}$

$\underline{}$

$\underline{}$

b)

$8 - 2 =$ $\underline{}$

$\underline{}$

$\underline{}$

$\underline{}$

c)

$\underline{}$

$\underline{}$

$\underline{}$

$\underline{}$

② Male und rechne.

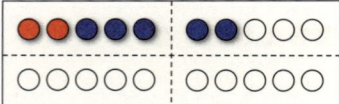

$2 + 5 =$ $\underline{7}$

$8 - 1 =$ $\underline{}$

$8 + 2 =$ $\underline{}$

$7 - 2 =$ $\underline{}$

$5 - 2 =$ $\underline{}$

$5 + 4 =$ $\underline{}$

$4 - 3 =$ $\underline{}$

$3 + 2 =$ $\underline{}$

$6 - 4 =$ $\underline{}$

$3 + 1 =$ $\underline{}$

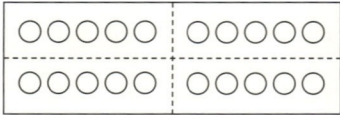

$10 - 5 =$ $\underline{}$

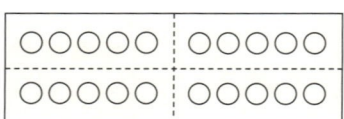

$7 + 3 =$ $\underline{}$

24

Plus- und Minusrechnen

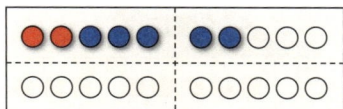

① Lege mit deinen Plättchen und rechne.

2 + 5 = ___

2 + 5 = ___	7 + 1 = ___	3 + 6 = ___
6 + 1 = ___	4 + 2 = ___	5 + 5 = ___
3 + 0 = ___	1 + 3 = ___	1 + 4 = ___
8 + 2 = ___	5 + 4 = ___	7 + 3 = ___
5 + 3 = ___	6 + 2 = ___	8 + 0 = ___

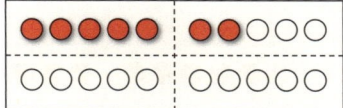

② Lege mit deinen Plättchen und rechne.

7 − 4 = ___

a)	b)	c)
7 − 4 = ___	10 − 5 = ___	9 − 9 = ___
6 − 3 = ___	10 − 7 = ___	3 − 2 = ___
8 − 4 = ___	8 − 5 = ___	7 − 3 = ___
9 − 6 = ___	4 − 3 = ___	8 − 6 = ___
10 − 0 = ___	7 − 5 = ___	6 − 5 = ___
5 − 1 = ___	6 − 2 = ___	4 − 0 = ___

③ Zeichne und rechne. Achte auf das Rechenzeichen.

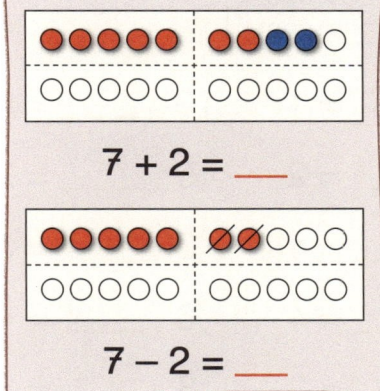

7 + 2 = ___

7 − 2 = ___

6 + 0 = ___

6 − 0 = ___

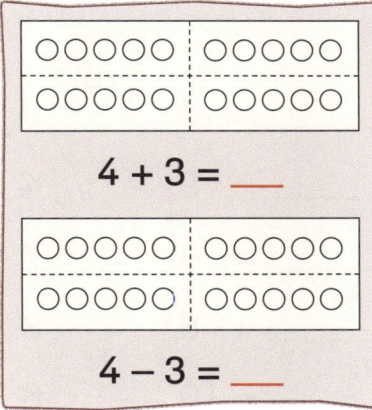

4 + 3 = ___

4 − 3 = ___

8 + 1 = ___

8 − 1 = ___

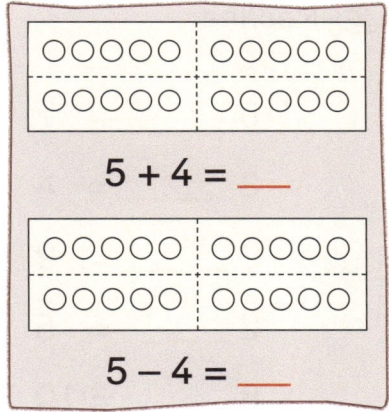

5 + 4 = ___

5 − 4 = ___

3 + 3 = ___

3 − 3 = ___

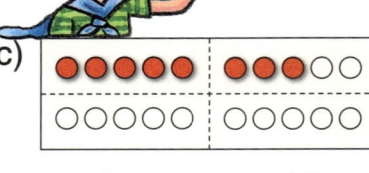

① Plus oder minus?
Male und ergänze die Rechnung.

a)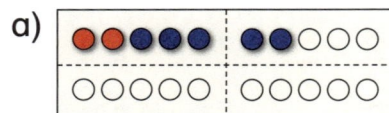

$2 \; + \; 5 = 7$

b)

$4 \underline{\hspace{2cm}} = 3$

c)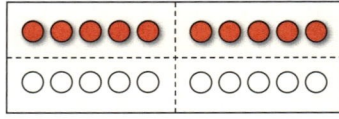

$8 \underline{\hspace{2cm}} = 10$

$5 \underline{\hspace{2cm}} = 4$

$7 \underline{\hspace{2cm}} = 0$

$5 \underline{\hspace{2cm}} = 6$

$6 \underline{\hspace{2cm}} = 3$

$3 \underline{\hspace{2cm}} = 6$

$10 \underline{\hspace{2cm}} = 4$

$1 \underline{\hspace{2cm}} = 5$

$6 \underline{\hspace{2cm}} = 9$

$6 \underline{\hspace{2cm}} = 1$

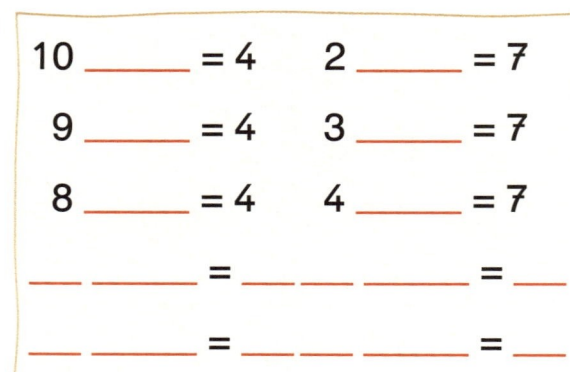

Das hilft dir!

② Rechne.

a)

$5 \; + \; 2 = 7 \qquad 6 \underline{\hspace{1.5cm}} = 10$

$3 \underline{\hspace{1.5cm}} = 4 \qquad 1 \underline{\hspace{1.5cm}} = 9$

$9 \underline{\hspace{1.5cm}} = 9 \qquad 7 \underline{\hspace{1.5cm}} = 8$

$2 \underline{\hspace{1.5cm}} = 5 \qquad 4 \underline{\hspace{1.5cm}} = 8$

$8 \underline{\hspace{1.5cm}} = 10 \qquad 10 \underline{\hspace{1.5cm}} = 10$

b)

$9 \; - \; 8 = 1 \qquad 10 \underline{\hspace{1.5cm}} = 0$

$4 \underline{\hspace{1.5cm}} = 2 \qquad 5 \underline{\hspace{1.5cm}} = 2$

$7 \underline{\hspace{1.5cm}} = 4 \qquad 3 \underline{\hspace{1.5cm}} = 3$

$8 \underline{\hspace{1.5cm}} = 4 \qquad 6 \underline{\hspace{1.5cm}} = 4$

$6 \underline{\hspace{1.5cm}} = 2 \qquad 8 \underline{\hspace{1.5cm}} = 1$

c)

$4 \underline{\hspace{1.5cm}} = 10 \qquad 7 \underline{\hspace{1.5cm}} = 3$

$8 \underline{\hspace{1.5cm}} = 6 \qquad 1 \underline{\hspace{1.5cm}} = 10$

$1 \underline{\hspace{1.5cm}} = 5 \qquad 3 \underline{\hspace{1.5cm}} = 8$

$9 \underline{\hspace{1.5cm}} = 7 \qquad 8 \underline{\hspace{1.5cm}} = 3$

$9 \underline{\hspace{1.5cm}} = 2 \qquad 10 \underline{\hspace{1.5cm}} = 0$

d)

$10 \underline{\hspace{1.5cm}} = 4 \qquad 2 \underline{\hspace{1.5cm}} = 7$

$9 \underline{\hspace{1.5cm}} = 4 \qquad 3 \underline{\hspace{1.5cm}} = 7$

$8 \underline{\hspace{1.5cm}} = 4 \qquad 4 \underline{\hspace{1.5cm}} = 7$

$\underline{\hspace{1.5cm}} = \underline{\hspace{1.5cm}} \qquad \underline{\hspace{1.5cm}} = \underline{\hspace{1cm}}$

$\underline{\hspace{1.5cm}} = \underline{\hspace{1.5cm}} \qquad \underline{\hspace{1.5cm}} = \underline{\hspace{1cm}}$

① Rechne.
Wer gewinnt? Markiere ✓ .

Wer ist der Gesamtsieger?

a)

Bim   Simsala

3 + 4 = 7   5 + 3 = _8_ ✓

___ + ___ = ___   ___ + ___ = ___

___ + ___ = ___   ___ + ___ = ___

b)

Bim   Simsala

___ + ___ = ___   ___ + ___ = ___

___ + ___ = ___   ___ + ___ = ___

___ + ___ = ___   ___ + ___ = ___

② Bilde Aufgabe und Tauschaufgabe.

1 + 3 = ___
3 + _1_ = ___

4 + 5 = ___
5 + ___ = ___

6 + 1 = ___
1 + ___ = ___

___ + ___ = ___
___ + ___ = ___

___ + ___ = ___
___ + ___ = ___

___ + ___ = ___
___ + ___ = ___

___ + ___ = ___
___ + ___ = ___

___ + ___ = ___
___ + ___ = ___

___ + ___ = ___
___ + ___ = ___

③ Finde viele Möglichkeiten.

3 + 2 + 5 = ___
2 + 3 + 5 = ___
5 + 2 + 3 = ___
___ + ___ + ___ = ___

5 + 4 + 1 = ___
___ + ___ + ___ = ___
___ + ___ + ___ = ___
___ + ___ + ___ = ___

1 + 3 + 5 = ___
___ + ___ + ___ = ___
___ + ___ + ___ = ___
___ + ___ + ___ = ___

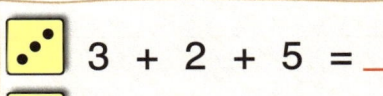

Minus- und Umkehraufgaben zaubern

1 Simsala und Bim zaubern weg. Rechne.

Decke jeweils die Tiere, die weggezaubert werden, mit dem Finger ab.

$6 - 2 = \underline{4}$
$6 - 6 = \underline{}$
$6 - 1 = \underline{}$
$6 - 5 = \underline{}$

$9 - 6 = \underline{}$
$9 - 2 = \underline{}$
$9 - 4 = \underline{}$
$9 - 5 = \underline{}$

$5 - 3 = \underline{}$
$5 - 1 = \underline{}$
$5 - 4 = \underline{}$
$5 - 5 = \underline{}$

2 Simsala und Bim zaubern mit Fischen.

$7 - 4 = \underline{3}$ $\qquad$ $3 + 4 = \underline{}$

_____ _____

_____ _____

3 Zaubere wie Simsala und Bim mit deinen Plättchen. Rechne.

… weg

… dazu

… dazu

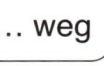

… weg

Aufgabe	Umkehraufgabe
$5 - 2 = \underline{3}$	$\underline{3} + 2 = \underline{5}$
$10 - 4 = \underline{}$	$\underline{} + \underline{} = \underline{}$
$8 - 3 = \underline{}$	$\underline{} + \underline{} = \underline{}$
$7 - 6 = \underline{}$	$\underline{} + \underline{} = \underline{}$
$9 - 7 = \underline{}$	$\underline{} + \underline{} = \underline{}$
$10 - 0 = \underline{}$	$\underline{} + \underline{} = \underline{}$

Aufgabe	Umkehraufgabe
$3 + 1 = \underline{}$	$\underline{} - 1 = \underline{}$
$6 + 3 = \underline{}$	$\underline{} - \underline{} = \underline{}$
$4 + 2 = \underline{}$	$\underline{} - \underline{} = \underline{}$
$5 + 5 = \underline{}$	$\underline{} - \underline{} = \underline{}$
$2 + 6 = \underline{}$	$\underline{} - \underline{} = \underline{}$
$5 + 3 = \underline{}$	$\underline{} - \underline{} = \underline{}$

① Finde passende Plusaufgaben.

Ergebnis 7	4 + 3	___ + ___	___ + ___	___ + ___
Ergebnis 8	___ + ___	___ + ___	___ + ___	___ + ___
Ergebnis 9	___ + ___	___ + ___	___ + ___	___ + ___
Ergebnis 10	___ + ___	___ + ___	___ + ___	___ + ___

② Schnell im Kopf: Das Doppelte.

$1 + 1 =$ ___ $4 + 4 =$ ___ $0 + 0 =$ ___   ⭐ $6 + 6 =$ ___

$3 + 3 =$ ___ $2 + 2 =$ ___ $5 + 5 =$ ___ $7 + 7 =$ ___

③ Schnell im Kopf: Nachbaraufgaben – Male und rechne.

$3 + 3 =$ ___

$3 + 4 =$ ___

$3 + 2 =$ ___

$2 + 2 =$ ___

$2 + 3 =$ ___

$2 + 1 =$ ___

$4 + 4 =$ ___

$4 + 5 =$ ___

$4 + 3 =$ ___

$5 + 5 =$ ___

$5 + 6 =$ ___

$5 + 4 =$ ___

④ Schnell im Kopf: Rechne.

(+ 1) (1 +)

$4 + 1 =$ ___

$1 + 6 =$ ___

$7 + 1 =$ ___

(+ 2) (2 +)

$3 + 2 =$ ___

$2 + 4 =$ ___

$6 + 2 =$ ___

(5 +) (+ 5)

$5 + 2 =$ ___ $2 + 5 =$ ___

$5 + 0 =$ ___ $0 + 5 =$ ___

$5 + 3 =$ ___ $3 + 5 =$ ___

1 Verbinde.

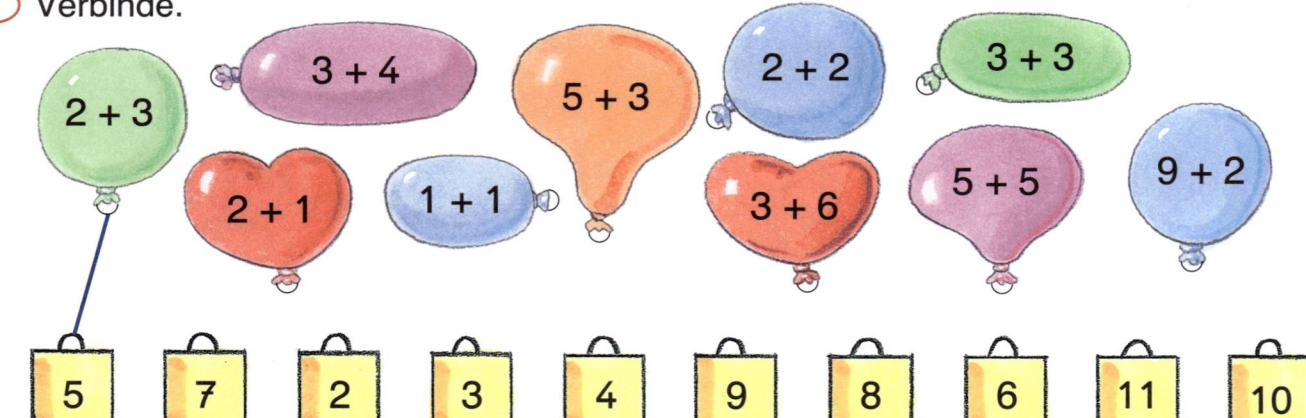

2 Rechne. Verbinde Aufgaben mit gleichem Ergebnis.

6 + 2 = __ •   • 5 + 1 = __
9 + 1 = __ •   • 2 + 8 = __
7 + 2 = __ •   • 4 + 4 = __
1 + 5 = __ •   • 3 + 6 = __
4 + 0 = __ •   • 2 + 3 = __
0 + 5 = __ •   • 1 + 3 = __

6 + 3 = __ •   • 4 + 2 = __
2 + 4 = __ •   • 4 + 5 = __
1 + 7 = __ •   • 2 + 5 = __
4 + 3 = __ •   • 4 + 6 = __
7 + 3 = __ •   • 4 + 1 = __
1 + 4 = __ •   • 3 + 5 = __

3 Rechne und setze jedes Päckchen fort.

3 + 3 = __	1 + 2 = __	5 + 5 = __	3 + 0 = __
4 + 3 = __	1 + 4 = __	4 + 6 = __	4 + 1 = __
5 + 3 = __	1 + 6 = __	3 + 7 = __	5 + 2 = __
6 + 3 = __	1 + 8 = __	2 + 8 = __	6 + 3 = __
__ + __ = __	__ + __ = __	__ + __ = __	__ + __ = __

Setze diese Aufgaben in deinem 📖 fort oder finde selbst solche Aufgaben.

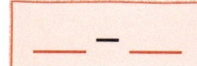

① Finde passende Minusaufgaben.

Ergebnis 1	5 – 4	__ – __	__ – __	__ – __
Ergebnis 2	__ – __	__ – __	__ – __	__ – __
Ergebnis 3	__ – __	__ – __	__ – __	__ – __
Ergebnis 4	__ – __	__ – __	__ – __	__ – __

② Schnell im Kopf: die Hälfte.

$2 - 1 =$ __ $8 - 4 =$ __ $10 - 5 =$ __

$4 - 2 =$ __ $6 - 3 =$ __   ⭐ $12 - 6 =$ __

③ Schnell im Kopf: Rechne.

-0

$5 - 0 =$ __
$7 - 0 =$ __
$4 - 0 =$ __
$8 - 0 =$ __

-1

$3 - 1 =$ __
$5 - 1 =$ __
$8 - 1 =$ __
$7 - 1 =$ __

-2

$7 - 2 =$ __ $9 - 2 =$ __
$5 - 2 =$ __ $6 - 2 =$ __
$8 - 2 =$ __ $10 - 2 =$ __
$3 - 2 =$ __ $4 - 2 =$ __

④ Färbe richtig:

Ergebnis 0	Ergebnis 5	Ergebnis 1	Ergebnis 2

$7 - 5$	$10 - 5$	$7 - 6$	$5 - 0$	$9 - 8$
$9 - 4$	$6 - 5$	$2 - 2$	$9 - 9$	$8 - 8$
$4 - 4$	$8 - 7$	$10 - 9$	$7 - 7$	$8 - 6$
$6 - 1$	$9 - 7$	$8 - 3$	$7 - 2$	$6 - 6$
$3 - 3$	$5 - 5$	$0 - 0$	$10 - 8$	$10 - 10$

① Verbinde.

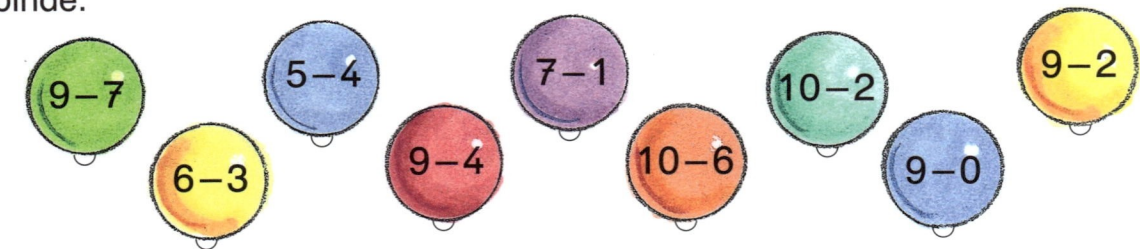

| 9−7 | 5−4 | 7−1 | 10−2 | 9−2 |
| 6−3 | 9−4 | 10−6 | 9−0 | |

| 1 | 2 | 3 | 6 | 4 | 5 | 7 | 9 | 8 |

② Rechne. Verbinde Aufgaben mit gleichem Ergebnis.

10 − 4 = ___ • • 7 − 2 = ___
8 − 1 = ___ • • 9 − 3 = ___
9 − 4 = ___ • • 7 − 0 = ___
7 − 5 = ___ • • 8 − 5 = ___
6 − 3 = ___ • • 10 − 9 = ___
5 − 4 = ___ • • 4 − 2 = ___

10 − 6 = ___ • • 7 − 3 = ___
8 − 5 = ___ • • 7 − 1 = ___
9 − 3 = ___ • • 5 − 2 = ___
10 − 3 = ___ • • 5 − 3 = ___
8 − 6 = ___ • • 9 − 2 = ___
8 − 3 = ___ • • 10 − 5 = ___

③ Rechne und setze jedes Päckchen fort.

3 − 3 = ___	2 − 1 = ___	10 − 7 = ___	10 − 1 = ___
4 − 3 = ___	4 − 1 = ___	9 − 6 = ___	9 − 2 = ___
5 − 3 = ___	6 − 1 = ___	8 − 5 = ___	8 − 3 = ___
6 − 3 = ___	8 − 1 = ___	7 − 4 = ___	7 − 4 = ___
___ − ___ = ___	___ − ___ = ___	___ − ___ = ___	___ − ___ = ___

🧊 Setze diese Aufgaben in deinem 📖 fort oder finde selbst solche Aufgaben.

Drei Zahlen – vier Aufgaben

1 Drei Zahlen – vier Aufgaben

$3 + 2 =$ ___

$2 + 3 =$ ___

$5 - 3 =$ ___

$5 - 2 =$ ___

___ $+$ ___ $=$ ___

___ $+$ ___ $=$ ___

___ $-$ ___ $=$ ___

___ $-$ ___ $=$ ___

___ $+$ ___ $=$ ___

___ $+$ ___ $=$ ___

___ $-$ ___ $=$ ___

___ $-$ ___ $=$ ___

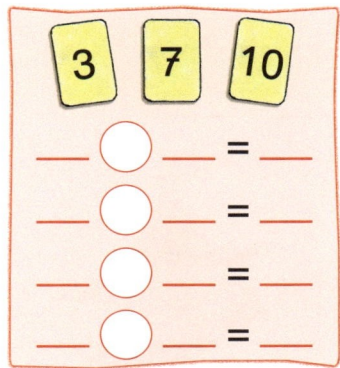

2 Welche Karte fehlt? Es gibt 2 Möglichkeiten.

4 passt!

2 aber auch!

Warum haben beide Recht?

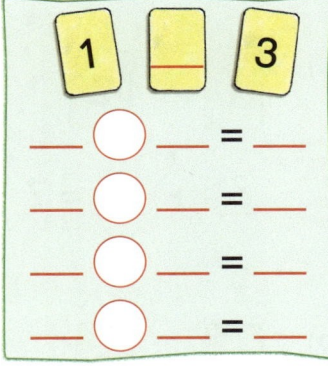

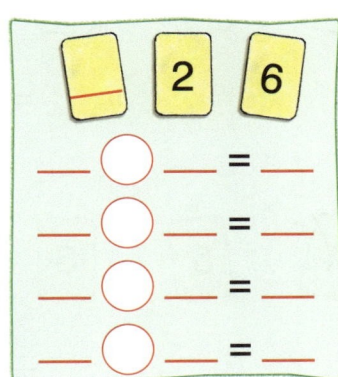

1 Drei Karten – zwei Aufgaben:
Wähle die Karten so, dass es nur zwei Aufgaben gibt.

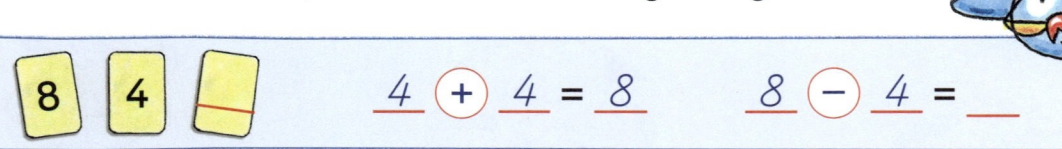

| 8 | 4 | | $4 \oplus 4 = 8$ $\quad$ $8 \ominus 4 = \_$ |

| | 6 | 3 | $\_ \bigcirc \_ = \_$ $\quad$ $\_ \bigcirc \_ = \_$ |

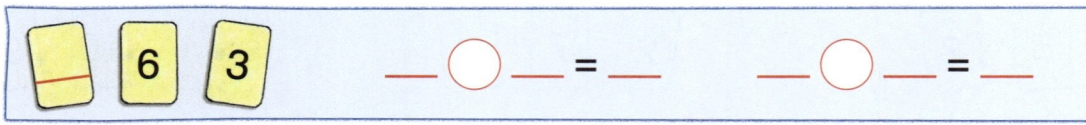

| 2 | 4 | | $\_ \bigcirc \_ = \_$ $\quad$ $\_ \bigcirc \_ = \_$ |

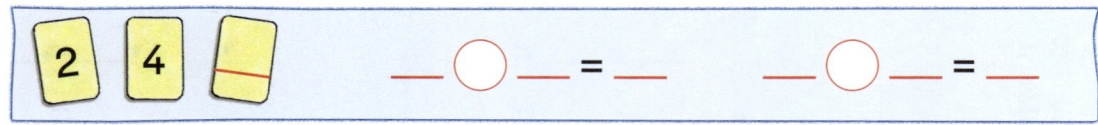

| 1 | 1 | | $\_ \bigcirc \_ = \_$ $\quad$ $\_ \bigcirc \_ = \_$ |

| | | 10 | $\_ \bigcirc \_ = \_$ $\quad$ $\_ \bigcirc \_ = \_$ |

🧊 Drei Karten – zwei Aufgaben:
Finde weitere Beispiele.
Schreibe sie in dein 📖.

> Prima, die ersten Karten sind schon weg!

⭐ **2** Du hast 9 Karten. Lege 3 Aufgaben.
Verwende jede Karte nur einmal! Schreibe die Rechnung auf.

a)
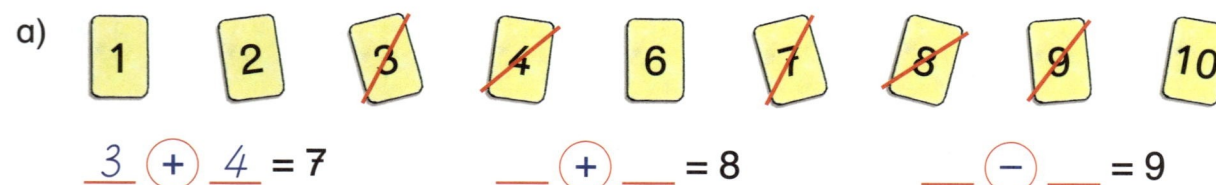

| 1 | 2 | ~~3~~ | ~~4~~ | 6 | ~~7~~ | ~~8~~ | ~~9~~ | 10 |

$\underline{3} \oplus \underline{4} = 7$ $\qquad$ $\_ \oplus \_ = 8$ $\qquad$ $\_ \ominus \_ = 9$

b)
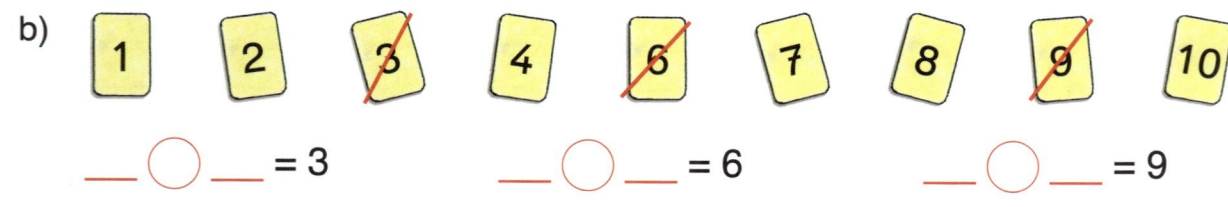

| 1 | 2 | ~~3~~ | 4 | ~~5~~ | 7 | 8 | ~~9~~ | 10 |

$\_ \bigcirc \_ = 3$ $\qquad$ $\_ \bigcirc \_ = 6$ $\qquad$ $\_ \bigcirc \_ = 9$

c)

| ~~2~~ | 3 | ~~4~~ | 5 | 6 | 7 | 8 | 9 | ~~10~~ |

$\_ \bigcirc \_ = 10$ $\qquad$ $\_ \bigcirc \_ = 2$ $\qquad$ $\_ \bigcirc \_ = 4$

Was ist passiert? Schreibe die Rechnungen auf.

$7 - 2 = 5$ _____

_____   _____

_____

Zeichne eigene Bilder.
Schreibe eine Rechnung dazu.

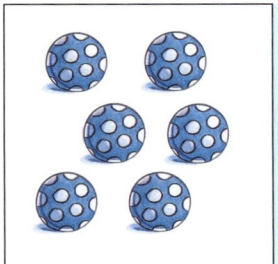   

_____   _____

Zahlen verzaubern ⊕ und ⊖

① Wie wird gezaubert? Schreibe auf und finde weitere Zahlenpaare.

(+3) →	
4	7
1	4
6	

◯ →	
10	3
7	0
8	

◯ →	
3	9
4	10
1	

② Finde Paare zu diesen Zauberregeln.

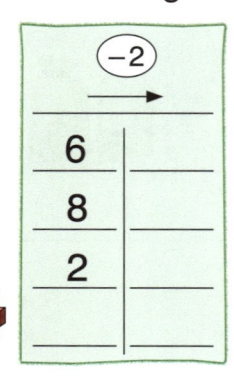

(+1) →	
5	6
1	
9	

(−2) →	
6	
8	
2	

(+0) →	
4	
10	

(−4) →	
9	
4	

③ Erste oder zweite Zahl gesucht

(+5) →	
2	7
	10
	5

(+4) →	
	7
	9
2	

(−3) →	
	6
	2
	4

(−5) →	
	0
	4
10	

⭐④ Hier sind Paare von zwei Zauberregeln durcheinander geraten. Ordne.

  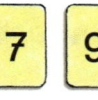        

4 6   7 9   5 4   1 0   8 7   9 8   3 5   6 5   10 12   1 3

◯ →	

◯ →	

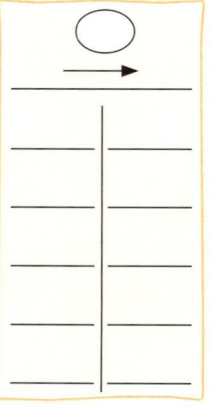 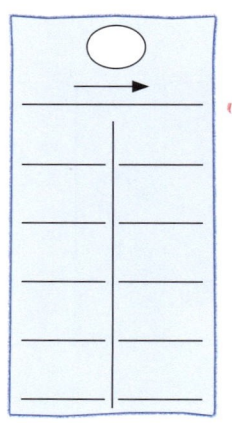 

36

Eckig oder rund?

Ein Dreieck hat drei Seiten.
Ein Viereck hat vier Seiten.

Spure nach:

Dreiecke   Viereсke   Kreise

Male solche Bilder
in dein 📙.

① Male an:

| 0 Ecken | 3 Ecken | 4 Ecken | 5 Ecken | 6 Ecken |

② Male die Rechtecke an.

Ein Rechteck hat 4 „besondere" Ecken.

③ Male die Quadrate an.

① Zähle.

  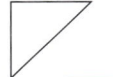 

② Male das Bild wie oben an. Schneide die Formen aus.
Wie ordnest du die Formen an? Klebe auf die Rückseite.

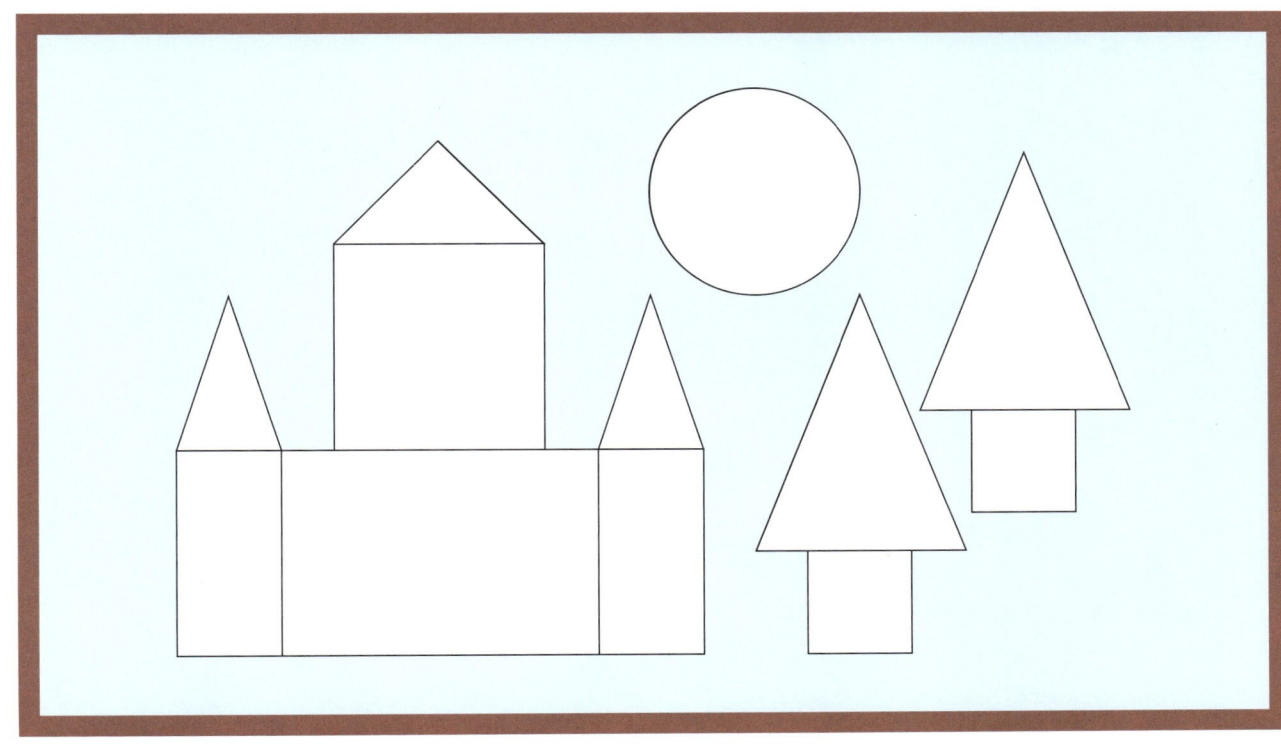

1 Immer 10: Welche Zahl fehlt? Trage ein.

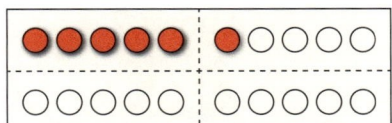 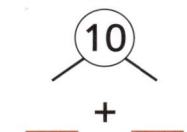
6 + ___

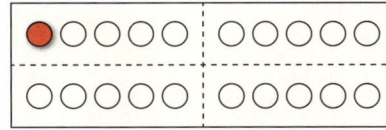
___ + ___

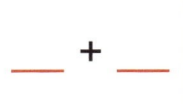
___ + ___

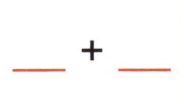
___ + ___

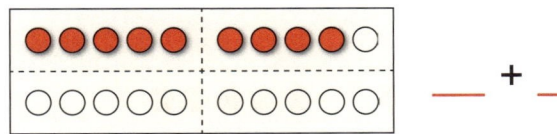
___ + ___

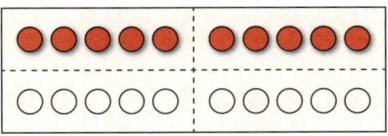
___ + ___

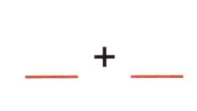
___ + ___

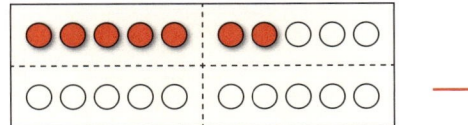
___ + ___

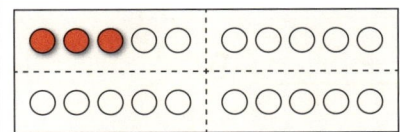
___ + ___

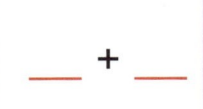
___ + ___

2 Rechne und male.

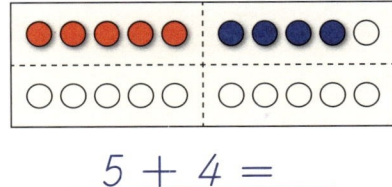

5 + 4 = ___

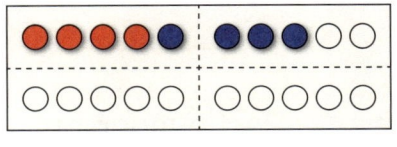

___

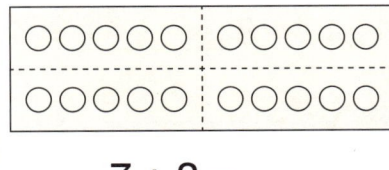

7 + 2 = ___

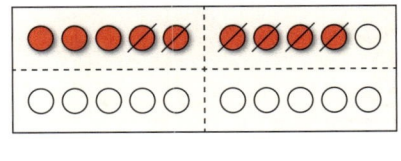

___

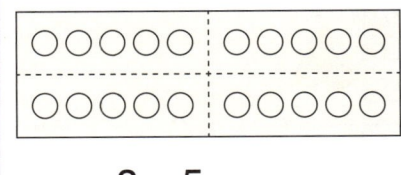

8 − 5 = ___

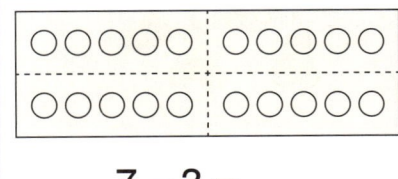

7 − 3 = ___

3 Suche die Nachbaraufgaben der Verdopplungsaufgabe.

2 + 2 = ___	3 + 3 = ___	4 + 4 = ___	5 + 5 = ___
2 + 1 = ___	3 + 2 = ___	4 + 3 = ___	5 + 4 = ___
2 + 3 = ___	3 + ___ = ___	4 + ___ = ___	5 + ___ = ___

1 Male und schreibe auf.

Immer 9

1 + ___
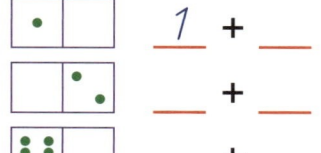
___ + ___
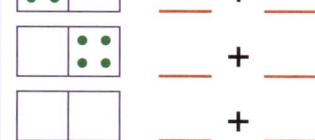
___ + ___
___ + ___
___ + ___

Immer 8

___ + ___
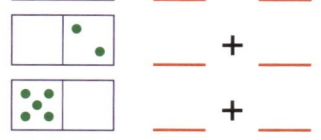
___ + ___
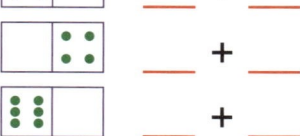
___ + ___
___ + ___
___ + ___

Immer 7
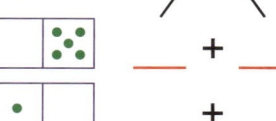
___ + ___

___ + ___
___ + ___
___ + ___
___ + ___

2 Plus oder minus? Male und schreibe die Rechnung auf.

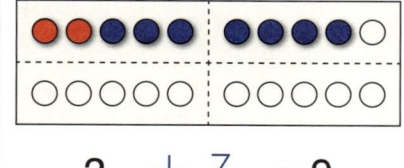
2 __+ 7__ = 9

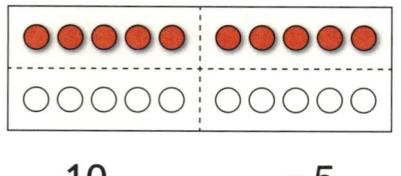
10 _____ = 5

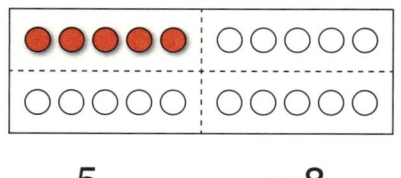
5 _____ = 8

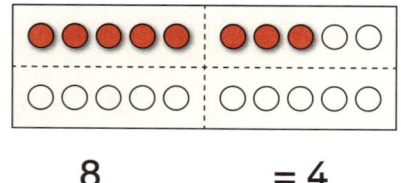
8 _____ = 4

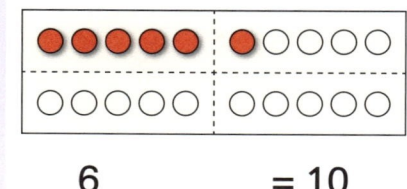
6 _____ = 10

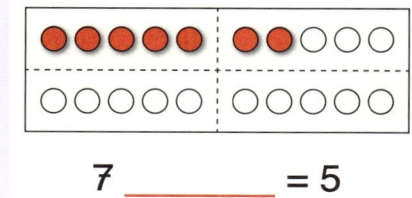
7 _____ = 5

3 Was ist passiert? Schreibe die Rechnungen auf.

_____

_____

4 Male Dreiecke blau, Quadrate grün und Rechtecke rot an.

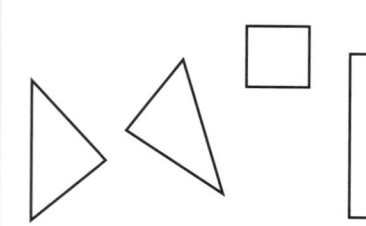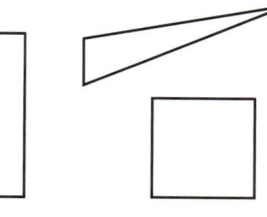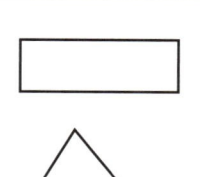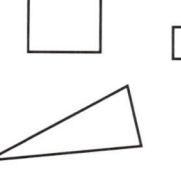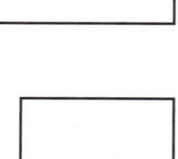

Zahlenzauber 1 – Arbeitsheft © 2016 Cornelsen Schulverlage GmbH, Berlin. Alle Rechte vorbehalten.

Bilder und Rechnungen

1 Finde passende Rechnungen.

a)

___ + ___ = ___   ___ + ___ = ___   ___ + ___ = ___

___ – ___ = ___   ___ – ___ = ___   ___ – ___ = ___

b)

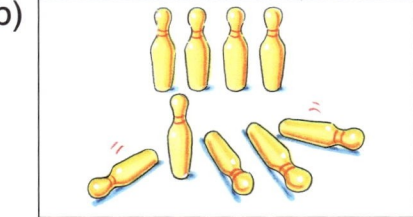  

___ + ___ = ___   ___ + ___ = ___   ___ + ___ = ___

___ – ___ = ___   ___ – ___ = ___   ___ – ___ = ___

2 Welche Bilder passen? Kreuze an **X**.

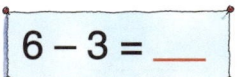

6 – 3 = ___

5 + 2 = ___

7 – 4 = ___

① Rechne.

a)
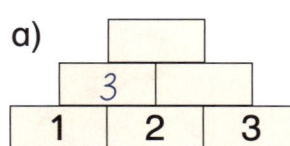 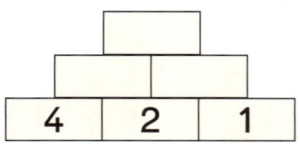  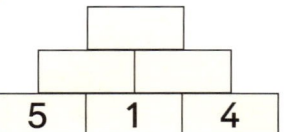

b)
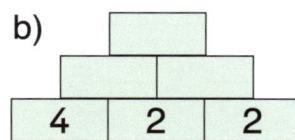 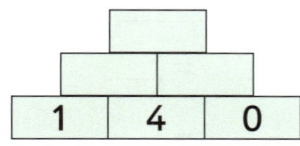 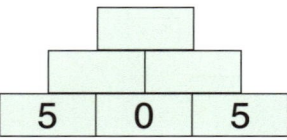 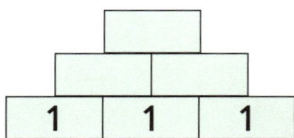

② Baue mit diesen Grundsteinen verschiedene Mauern.

0   2   3

 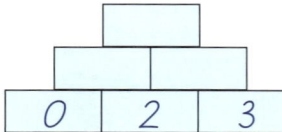 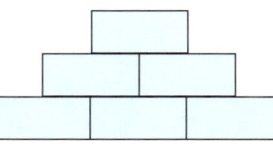

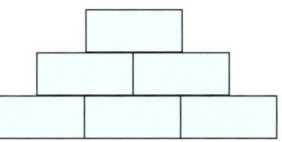 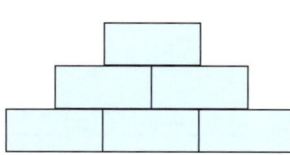 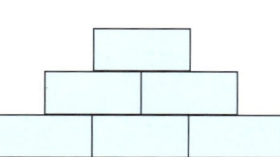

Wie gehst du geschickt vor?

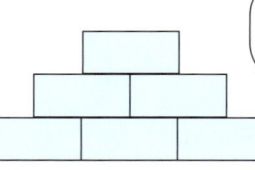

③ Welche Zahlen fehlen? Trage sie ein.

a)
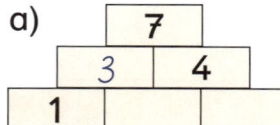

b)
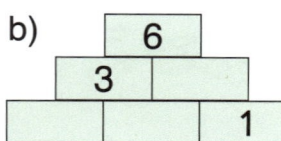
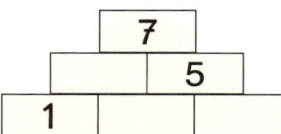

④ Zielstein 7
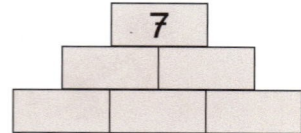 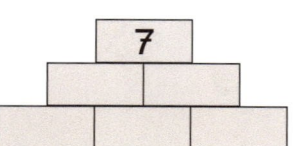 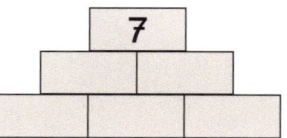 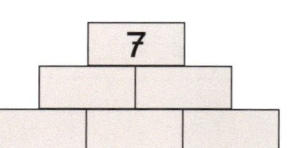

⑤ Deine Zahlenmauern: Wähle die Steine selbst.

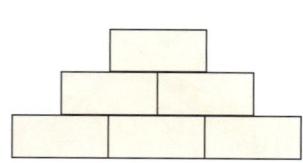 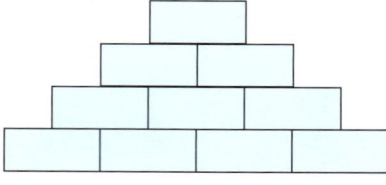 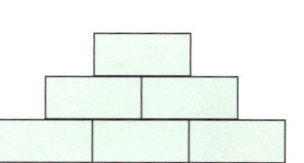

44

1 Verbinde die Schachteln und schreibe die passenden Rechnungen nebeneinander.

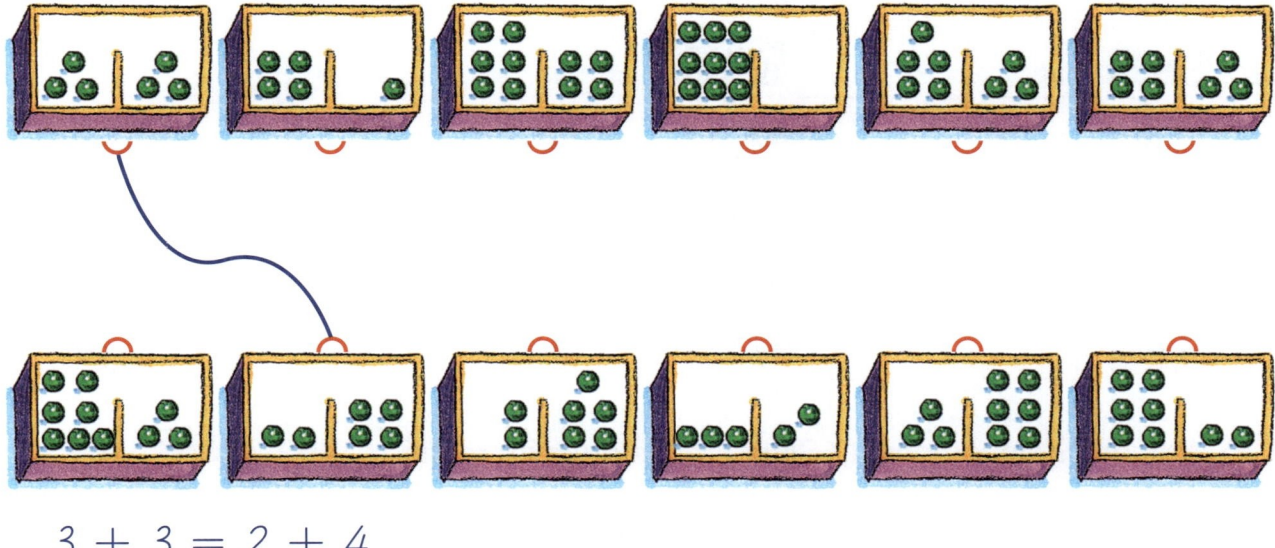

_3 + 3 = 2 + 4_ _____ _____

_____ _____ _____

2 Verbinde die Karten mit dem gleichen Ergebnis.

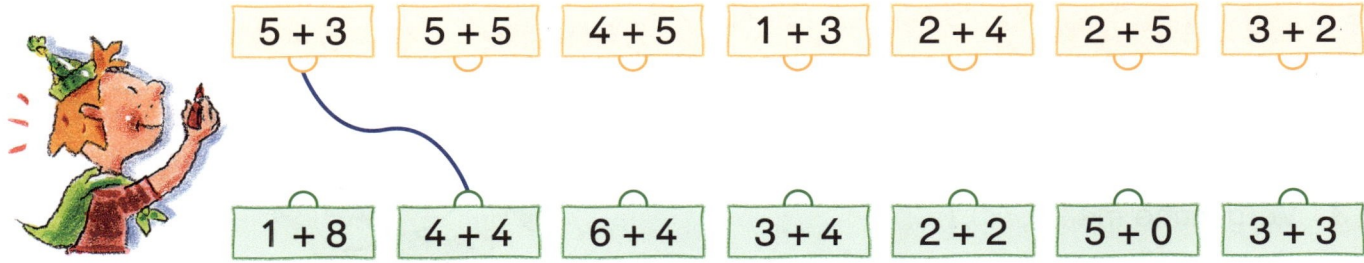

3 Links und rechts ist immer gleich viel. Trage die fehlende Zahl ein.

a)

$8 = \underline{4} + 4$ $10 = 2 + \underline{}$

$6 = \underline{} + 2$ $6 = 1 + \underline{}$

$7 = \underline{} + 5$ $8 = 5 + \underline{}$

$9 = \underline{} + 6$ $9 = 0 + \underline{}$

$10 = \underline{} + 5$ $7 = 6 + \underline{}$

b)

$3 + \underline{4} = 7$ $\underline{} + 5 = 9$

$5 + \underline{} = 8$ $\underline{} + 2 = 7$

$7 + \underline{} = 10$ $\underline{} + 1 = 6$

$9 + \underline{} = 9$ $\underline{} + 6 = 8$

$2 + \underline{} = 6$ $\underline{} + 1 = 10$

4 Links und rechts ist immer gleich viel. Trage die fehlende Zahl ein.

$2 + 6 = \underline{} + 1$ $5 + \underline{} = 6 + 3$ $6 + \underline{} = 5 + 5$

$3 + 7 = 5 + \underline{}$ $\underline{} + 2 = 3 + 4$ $4 + 4 = 5 + \underline{}$

$1 + 8 = 4 + \underline{}$ $3 + \underline{} = 1 + 8$ $\underline{} + 2 = 5 + 0$

① Vergleiche mit ⊙, ⊙, ⊙.

2 + 3 ◯ 4 + 2

___ ◯ ___

___ ◯ ___   ___ ◯ ___

___ ◯ ___   ___ ◯ ___

___ ◯ ___   ___ ◯ ___

___ ◯ ___   ___ ◯ ___

② Welches Zeichen passt? Siehst du es ohne zu rechnen?

5 + 2 < 6 + 2	1 + 7 ◯ 1 + 9	2 + 4 ◯ 3 + 3
7 8	___ ___	___ ___
8 + 1 ◯ 7 + 1	4 + 5 ◯ 2 + 5	4 + 6 ◯ 5 + 4
___ ___	___ ___	___ ___
3 + 4 ◯ 4 + 3	6 + 3 ◯ 6 + 1	5 + 3 ◯ 6 + 2

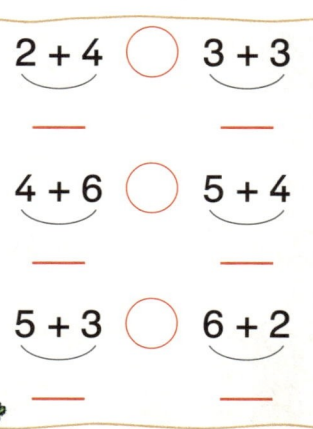

③ Vergleiche mit ⊙, ⊙, ⊙.

8 − 2 < 9 − 2	10 − 3 ◯ 9 − 2	4 − 1 ◯ 6 − 2
___ ___	___ ___	___ ___
7 − 3 ◯ 7 − 2	10 − 5 ◯ 9 − 4	9 − 2 ◯ 8 − 5
___ ___	___ ___	___ ___
7 − 2 ◯ 6 − 5	6 − 3 ◯ 5 − 2	6 − 5 ◯ 9 − 2

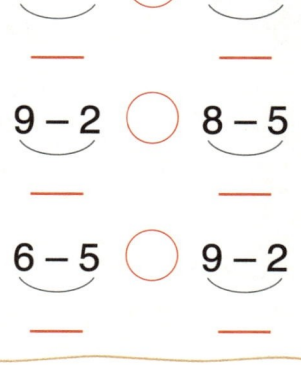

⭐ **④** Rechne.

1 + 9 = 6 + ___   10 − 8 = 6 − ___   ___ + 9 = 10 − 1

4 + 5 = ___ + 2   9 − 5 = ___ − 3   8 − ___ = 2 + 2

9 + ___ = 5 + 5   9 − ___ = 5 − 2   3 + 7 = ___ − 0

___ + 8 = 4 + 6   ___ − 6 = 4 − 0   10 − 5 = 1 + ___

46

① Welche Fragen kannst du beantworten? Kreuze an ☒.

☐ Wie viele 🧒🧒 sind im 🛟 ?

☐ Wann gehen die 🧒🧒 nach Hause?

☐ Wer hat ein 🟡 ?

☐ Wo ist die 🦆 ?

☐ Wie viele 🧒🧒 spielen 🔵 ?

② Male Frage und passende Antwort in der gleichen Farbe an.

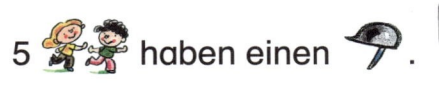

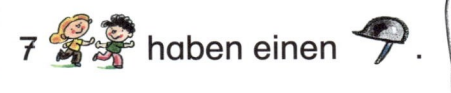

47

① Am  sind 4 Kinder.
3 Kinder kommen dazu.

F: Wie viele Kinder sind es jetzt?

R: _____

A: Es sind jetzt ___ Kinder.

② Auf der 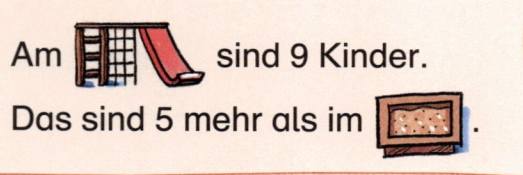 sind 6 Kinder.
3 Kinder gehen weg.

F: Wie viele Kinder sind noch da?

R: _____

A: Es sind noch ___ Kinder da.

③ 8 Kinder sind auf dem [Klettergerüst].
2 Kinder springen herunter.

F: Wie viele Kinder sind noch auf dem [Klettergerüst]?

R: _____

A: Es sind noch ___ Kinder auf dem Klettergerüst.

④ Auf der [Wippe] sind 2 Kinder.
Im [Sandkasten] sind 3 Kinder
und auf dem [Klettergerüst] sind 4 Kinder.

F: Wie viele Kinder sind es insgesamt?

R: _____

A: Es sind insgesamt ___ Kinder.

⑤ Am [Klettergerüst] sind 9 Kinder.
Das sind 5 mehr als im [Sandkasten].

F: Wie viele Kinder sind im [Sandkasten]?

R: _____

A: Es sind ___ Kinder im Sandkasten.

F: Wie viele Kinder sind es insgesamt?

R: _____

A: Es sind insgesamt ___ Kinder.

48

Zahlenzauber 1 – Arbeitsheft © 2016 Cornelsen Schulverlage GmbH, Berlin. Alle Rechte vorbehalten.

Zehner und Einer

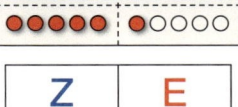

1 Wie viele Plättchen sind es? Trage ein.

Z	E
1	4

Z	E

Z	E

Z	E

2 Male die Plättchen in das Zwanzigerfeld.

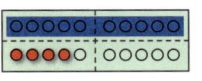

Z	E
1	3

Z	E
1	5

Z	E
1	7

Z	E
2	0

Z	E
1	8

Z	E
1	2

Z	E
1	1

Z	E
	9

3 Diese Karten sind durcheinandergeraten. Immer 4 Karten gehören zusammen. Male sie mit der gleichen Farbe an.

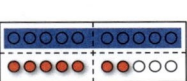 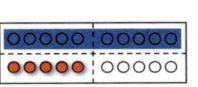 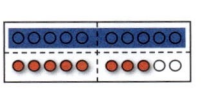 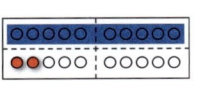

| 15 | 18 | 12 | 17 | 14 |

| siebzehn | vierzehn | zwölf | fünfzehn | achtzehn |

| 1 Z 8 E | 1 Z 2 E | 1 Z 5 E | 1 Z 7 E | 1 Z 4 E |

4 Rechne.

10 + 1 = ___   10 + 3 = ___   10 + 4 = ___   ★ 20 + 1 = ___

10 + 8 = ___   10 + 9 = ___   10 + 2 = ___   20 + 2 = ___

10 + 10 = ___   10 + 7 = ___   10 + 5 = ___   20 + 3 = ___

Trage die fehlenden Zahlen in die Raupe ein. Male weiter.

Den Zahlen bis 20 auf der Spur

① Trage die fehlenden Zahlen ein.

1	2				6			9	
		13	15						

② Welche Zahlen fehlen? Trage sie ein.

a)

4	5
14	15

1	
	12

16	17

	3
	13

b)

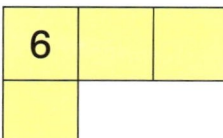

6		

(L-shape with 16)

(with 9)

(with 19)

⭐ c)

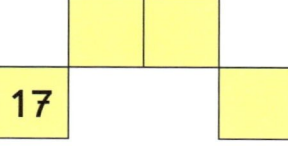

(staircase with 17)

(staircase with 5)

(staircase with 20)

Du kannst eine Spielfigur zu Hilfe nehmen!

1	2	3	4	5	6	7	8	9	10
11	12	13	14	15	16	17	18	19	20

③ Wo landest du?

a)
Du stehst auf 10.
Gehe ein Feld nach unten. ___

b)
Du stehst auf 11.
Gehe ein Feld nach oben und eins nach rechts. ___

c)
Du stehst auf 15.
Gehe ein Feld nach oben. ___

d)
Du stehst auf 6.
Gehe ein Feld nach rechts und eins nach unten. ___

e)
Du stehst auf 7.
Gehe ein Feld nach links und eins nach unten. ___

f)
Du stehst auf 14.
Gehe ein Feld nach links und eins nach oben. ___

50

Zwanzigerseil und Zahlenstrahl

① Wohin gehören die übrigen Karten? Verbinde.

② Vorgänger und Nachfolger

_11_ 12 _13_	___ 4 ___	___ 16 ___	___ 6 ___
___ 13 ___	___ 8 ___	___ 14 ___	___ 17 ___
___ 5 ___	___ 9 ___	___ 1 ___	___ 20 ___
___ 10 ___	___ 2 ___	___ 3 ___	___ 7 ___
___ 19 ___	___ 11 ___	___ 15 ___	___ 18 ___

③ Vergleiche mit >, <, =.

19 ◯ 10	14 ◯ 15	11 ◯ 11	8 ◯ 9
3 ◯ 13	17 ◯ 13	13 ◯ 12	9 ◯ 10
15 ◯ 14	16 ◯ 19	12 ◯ 13	10 ◯ 11
20 ◯ 2	10 ◯ 10	13 ◯ 14	11 ◯ 12
7 ◯ 7	19 ◯ 9	14 ◯ 13	12 ◯ 12

④ Zähle in Schritten und schreibe die fehlenden Zahlen auf.

a) 1, 3, 5, ____, ____, ____, ____, 15
   +2

b) 1, 4, 7, ____, ____, ____, 19

c) 15, 14, 13, ____, ____, ____, ____, 8

Ein Zahlenstrahl hilft dir.

⭐ d) 1, 3, 2, 4, ____, ____, ____, ____, 5

⭐ e) 20, 19, 17, 16, 14, ____, ____, ____, ____, 7

① Ergänze achsensymmetrisch. Lege mit den Formen nach und male aus.

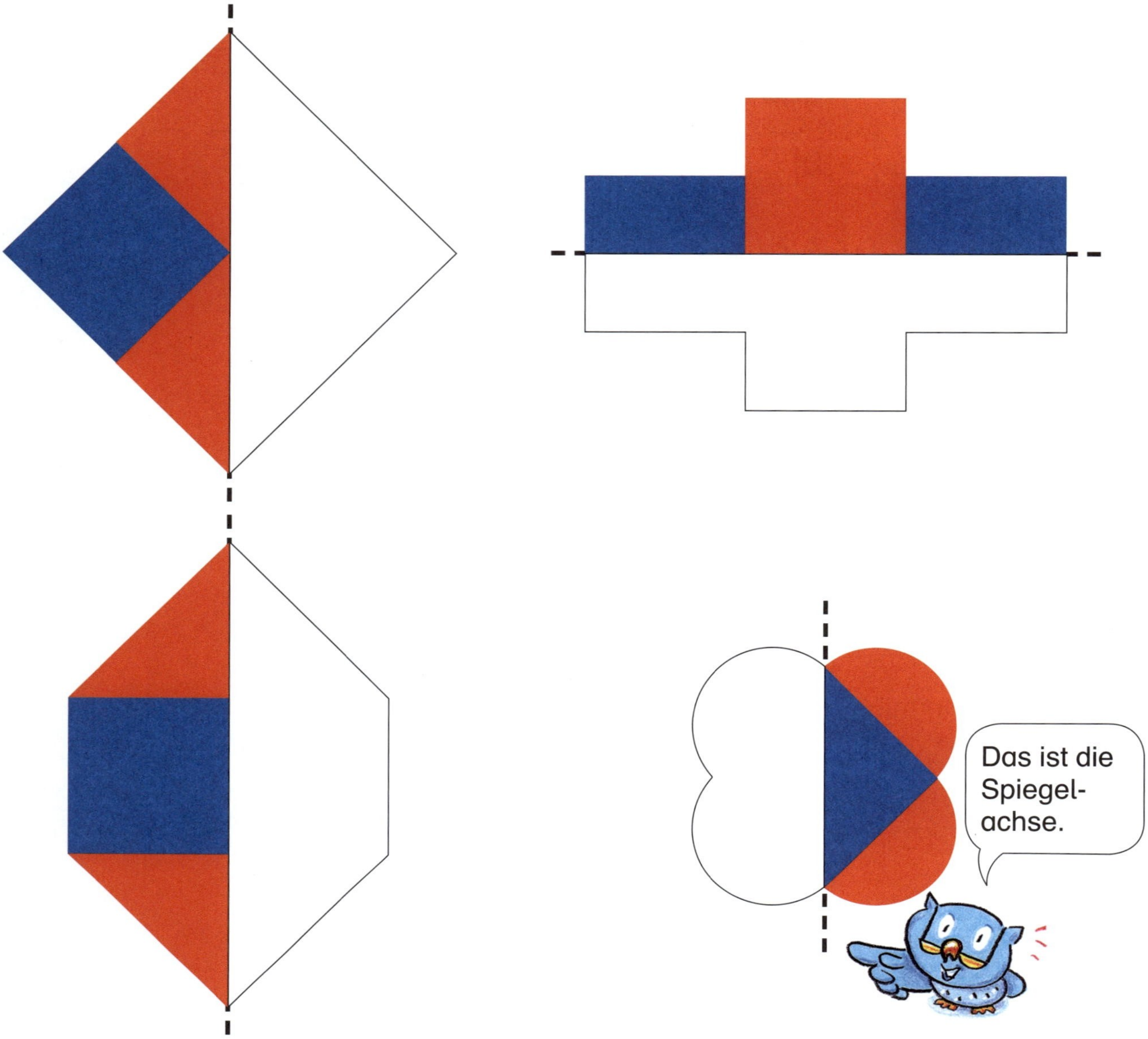

Das ist die Spiegel-achse.

② Es sollen immer zwei gleiche Hälften sein. Ergänze.

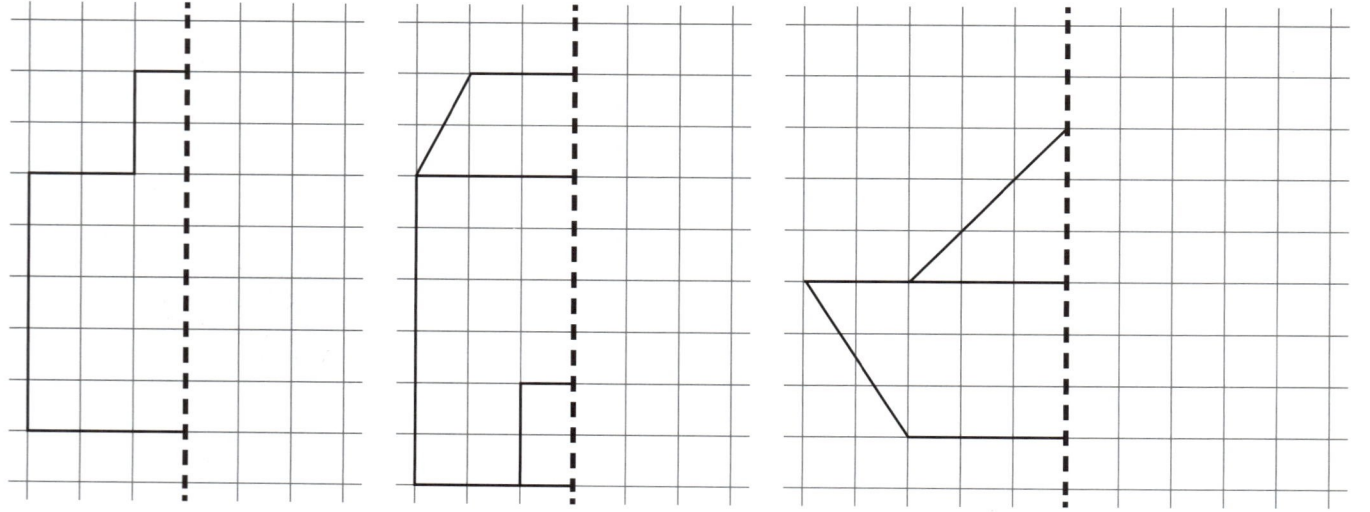

Zahlenzauber 1 – Arbeitsheft © 2016 Cornelsen Schulverlage GmbH, Berlin. Alle Rechte vorbehalten.

Verwandte Plusaufgaben

Die kleine Aufgabe hilft.

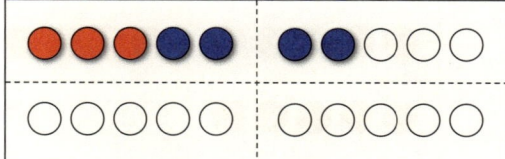

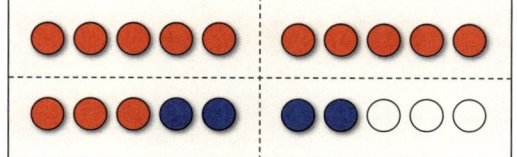

3 + 4 = ___   13 + 4 = ___

① Färbe die verwandten Aufgaben mit der gleichen Farbe. Rechne.

3 + 4 = 7	7 + 1 = ___	13 + 4 = 17	14 + 5 = ___
2 + 3 = ___	5 + 5 = ___	17 + 1 = ___	11 + 8 = ___
4 + 5 = ___	1 + 8 = ___	15 + 5 = ___	12 + 3 = ___

② Schreibe die kleine Aufgabe dazu. Rechne.

11 + 4 = ___	12 + 5 = ___	17 + 1 = ___	15 + 3 = ___
_1_ + ___ = ___	___ + ___ = ___	___ + ___ = ___	___ + ___ = ___

13 + 6 = ___	17 + 3 = ___	14 + 4 = ___	16 + 2 = ___
___ + ___ = ___	___ + ___ = ___	___ + ___ = ___	___ + ___ = ___

③ Rechne.

Denke an die kleine Aufgabe!

15 + 2 = ___   12 + 7 = ___   15 + 4 = ___   11 + 8 = ___

11 + 7 = ___   14 + 5 = ___   16 + 3 = ___   14 + 3 = ___

12 + 4 = ___   18 + 1 = ___   12 + 6 = ___   16 + 2 = ___

④ Rechne und setze das Päckchen fort.

12 + 5 = ___	14 + 3 = ___	13 + 7 = ___	10 + 6 = ___
12 + 6 = ___	14 + 4 = ___	14 + 6 = ___	12 + 4 = ___
12 + 7 = ___	14 + 5 = ___	15 + 5 = ___	14 + 2 = ___
12 + ___ = ___	14 + ___ = ___	___ + ___ = ___	___ + ___ = ___

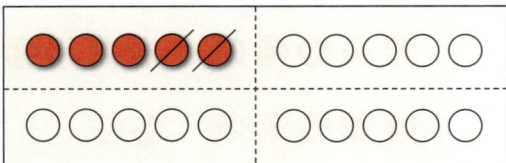

5 − 2 = ___   15 − 2 = ___

① Färbe die verwandten Aufgaben mit der gleichen Farbe. Rechne.

5 − 2 = 3	8 − 5 = ___	15 − 2 = _13_	17 − 3 = ___
2 − 2 = ___	9 − 6 = ___	18 − 5 = ___	14 − 0 = ___
7 − 3 = ___	4 − 0 = ___	19 − 6 = ___	12 − 2 = ___

② Schreibe die kleine Aufgabe dazu. Rechne.

17 − 3 = ___   14 − 2 = ___   13 − 2 = ___   18 − 6 = ___
_7_ − ___ = ___   ___ − ___ = ___   ___ − ___ = ___   ___ − ___ = ___

18 − 4 = ___   16 − 5 = ___   19 − 8 = ___   15 − 4 = ___
___ − ___ = ___   ___ − ___ = ___   ___ − ___ = ___   ___ − ___ = ___

③ Rechne.

Denke an die kleine Aufgabe!

14 − 3 = ___   18 − 5 = ___   16 − 1 = ___   15 − 4 = ___
17 − 5 = ___   19 − 3 = ___   17 − 6 = ___   18 − 3 = ___
16 − 4 = ___   16 − 5 = ___   19 − 4 = ___   19 − 7 = ___

④ Rechne und setze das Päckchen fort.

18 − 2 = ___   19 − 4 = ___   13 − 1 = ___   20 − 3 = ___
18 − 3 = ___   19 − 3 = ___   14 − 2 = ___   19 − 4 = ___
18 − 4 = ___   19 − 2 = ___   15 − 3 = ___   18 − 5 = ___
___ − ___ = ___   ___ − ___ = ___   ___ − ___ = ___   ___ − ___ = ___

Verdoppeln

1 Verdopple. Male und rechne.

$10 + 10 = 20$

_____

_____

_____

_____

_____

_____

_____

_____

2 Immer das Doppelte!

$3 + 3 =$ ___   ___ ◯ ___ = ___   ___ ◯ ___ = ___   ___ ◯ ___ = ___

_____   _____   _____   _____

1 Halbiere. Schreibe die Rechnung auf.

8 = 4 + _____   14 = _____   _____   _____

_____   _____   _____   _____

2 Male Plättchen so in das Zwanzigerfeld, dass du gut halbieren kannst.

12 = _____   6 = _____   20 = _____   2 = _____

18 = _____   4 = _____   16 = _____   10 = _____

3 Halbiere. Zeichne und rechne.

  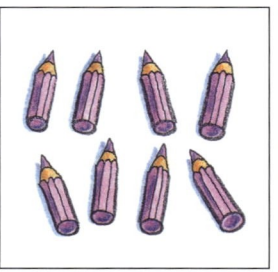 

6 = 3 + __   __ = __ + __   __ = __ + __   __ = __ + __

__ = __ + __   __ = __ + __   __ = __ + __   __ = __ + __

1 Wie viele Plättchen sind es?

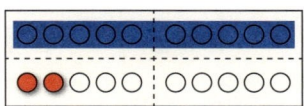 | 1 | 2 | 10 + 2 = 12

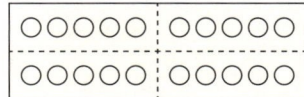 | | | _____

  | 1 | 8 | _____

  | | | 10 + 3 =

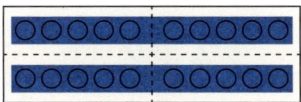 | | | _____

2 Zahlen und ihre Nachbarn

13	14	15
__	18	__
__	12	__

__	17	__
__	10	__
__	13	__

__	19	__
__	11	__
__	16	__

3 Die verwandte Aufgabe hilft. Rechne.

a)
4 + 2 = __	6 + 3 = __	2 + 7 = __
14 + 2 = __	16 + 3 = __	12 + 7 = __

b)
7 – 4 = __	8 – 2 = __	4 – 3 = __
17 – 4 = __	18 – 2 = __	14 – 3 = __

4 Halbiere.

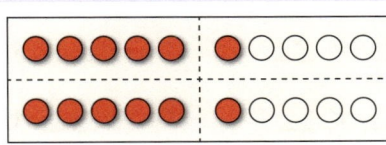

12 = 6 + __   18 = __ + __   14 = __ + __

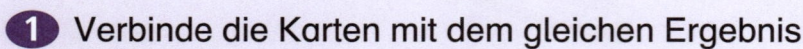

1 Verbinde die Karten mit dem gleichen Ergebnis.

| 2 + 3 | 4 + 4 | 6 + 0 | 5 + 5 | 1 + 8 | 4 + 3 | 0 + 3 |

| 2 + 6 | 1 + 4 | 2 + 8 | 2 + 5 | 3 + 3 | 1 + 2 | 6 + 3 |

2 Vergleiche mit ⧼>⧽, ⧼<⧽, ⧼=⧽.

$6 + 2$ ⧼<⧽ $4 + 5$ $6 - 2$ ◯ $8 - 6$ $10 - 7$ ◯ $9 - 2$
  8
___   ___   ___   ___   ___

$7 - 3$ ◯ $2 + 3$ $9 - 3$ ◯ $4 + 4$ $8 + 2$ ◯ $9 - 2$
___   ___   ___   ___   ___   ___

$9 - 5$ ◯ $7 - 3$ $4 + 3$ ◯ $6 + 0$ $4 + 2$ ◯ $9 - 2$
___   ___   ___   ___   ___   ___

3 Zu einer Zahl gehören immer vier Karten. Ergänze die Karten.

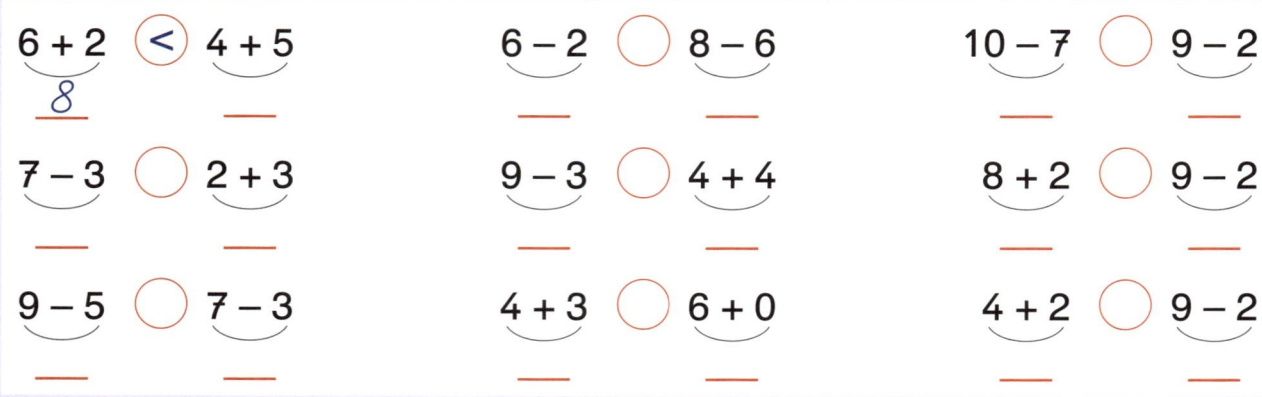

18	16	___	20	___
1Z 8E	_____	1Z 3E	_____	_____
achtzehn	_____	_____	_____	siebzehn

4 Verdopple.

$0 + 0 =$ __ $1 + 1 =$ __ $2 + 2 =$ __ $3 + 3 =$ __

$4 + 4 =$ __ $5 + 5 =$ __ $6 + 6 =$ __ $7 + 7 =$ __

$8 + 8 =$ __ $9 + 9 =$ __ $10 + 10 =$ __   ⭐ $11 + 11 =$ __

5 Halbiere.

$2 = 1 +$ __ $4 =$ __ $+$ __ $6 =$ __ $+$ __ $8 =$ __ $+$ __

$10 =$ __ $+$ __ $12 =$ __ $+$ __ $14 =$ __ $+$ __ $16 =$ __ $+$ __

$18 =$ __ $+$ __ $20 =$ __ $+$ __ $0 =$ __ $+$ __   ⭐ $22 =$ __ $+$ __

① Schreibe alle Verdopplungsaufgaben bis 20 auf.

1 + *1* = ___	*2* + *2* = ___	___ + ___ = ___	___ + ___ = ___	___ + ___ = ___
___ + ___ = ___	___ + ___ = ___	___ + ___ = ___	___ + ___ = ___	___ + ___ = ___

② Finde zu jeder Verdopplungsaufgabe vier Nachbaraufgaben.

_____   _____

$7 + 7 = $ __

8 + 7 = _____   _____

_____   _____

$8 + 8 = $ __

_____   _____

_____   _____

$9 + 9 = $ __

_____   _____

_____   _____

$4 + 4 = $ __

_____   _____

_____   _____

$6 + 6 = $ __

_____   _____

_____   _____

$3 + 3 = $ __

_____   _____

③ Welche Verdopplungsaufgabe hilft dir? Schreibe sie auf.

$8 + 7 = $ __	$6 + 5 = $ __	$7 + 6 = $ __	$5 + 4 = $ __
7 + *7* = __	__ + __ = __	__ + __ = __	__ + __ = __
$8 + 9 = $ __	$9 + 8 = $ __	$6 + 7 = $ __	$7 + 8 = $ __
__ + __ = __	__ + __ = __	__ + __ = __	__ + __ = __

Nachbaraufgaben ②

① Schreibe Aufgaben mit 10 auf.

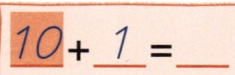

| 10 + 1 = __ | 10 + 2 = __ | __ + __ = __ | __ + __ = __ | __ + __ = __ |

| __ + __ = __ | __ + __ = __ | __ + __ = __ | __ + __ = __ | __ + __ = __ |

② Die Nachbaraufgabe mit 10 hilft.

| 6 + 9 = __   6 + 10 = __ | 3 + 9 = __   __ + __ = __ | 5 + 9 = __   __ + __ = __ | 7 + 9 = __   __ + __ = __ |

| 9 + 4 = __   10 + 4 = __ | 9 + 8 = __   __ + __ = __ | 9 + 6 = __   __ + __ = __ | 9 + 5 = __   __ + __ = __ |

③ Färbe Aufgabe und Hilfsaufgabe gleich. Rechne.

10 + 3 = __

10 + 5 = __

8 + 10 = __

9 + 5 = __

9 + 7 = __

10 + 7 = __

9 + 3 = __

10 + 2 = __

10 + 6 = __

4 + 9 = __

4 + 10 = __

9 + 6 = __

9 + 2 = __

8 + 9 = __

Finde weitere passende Aufgaben. Schreibe sie in dein .

Nachbaraufgaben ③

① Schreibe Aufgaben mit 10 auf.

| *11* – *10* = ___ | *12* – *10* = ___ | ___ – ___ = ___ | _____ | _____ |

| ___ – ___ = ___ | _____ | _____ | _____ | _____ |

② Die Nachbaraufgabe mit 10 hilft.

| 16 – 9 = ___ | 17 – 9 = ___ | 12 – 9 = ___ |
| *16* – *10* = ___ | ___ – ___ = ___ | ___ – ___ = ___ |

| 14 – 9 = ___ | 15 – 9 = ___ | 13 – 9 = ___ |
| ___ – ___ = ___ | ___ – ___ = ___ | ___ – ___ = ___ |

③ Färbe Aufgabe und Hilfsaufgabe gleich. Rechne.

14 – 10 = ___

16 – 9 = ___

15 – 10 = ___

12 – 9 = ___

17 – 10 = ___

12 – 10 = ___

15 – 9 = ___

13 – 9 = ___

13 – 10 = ___

14 – 9 = ___

16 – 10 = ___

17 – 9 = ___

Finde weitere passende Aufgaben. Schreibe sie in dein .

① a) Male die Aufgaben mit Zwischenstopp bei 10 an.

9 + 3 = ___	10 + 5 = ___	8 + 1 = ___	6 + 8 = ___	4 + 4 = ___
8 + 5 = ___	7 + 5 = ___	4 + 8 = ___	5 + 2 = ___	5 + 9 = ___

b) Rechne die Aufgaben ohne Zwischenstopp aus.

② Male und rechne.

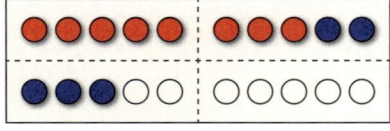

8 + 5 = ___

8 + 2 + 3 = ___

9 + 6 = ___

9 + 1 + ___ = ___

6 + 7 = ___

6 + ___ + ___ = ___

5 + 7 = ___

5 + ___ + ___ = ___

7 + 8 = ___

7 + ___ + ___ = ___

4 + 9 = ___

4 + ___ + ___ = ___

③ Rechne mit einem Zwischenstopp bei 10.

a)

5 + 8 = ___
5 + 5 + ___ = ___

9 + 4 = ___
___ + ___ + ___ = ___

7 + 5 = ___
___ + ___ + ___ = ___

6 + 8 = ___
___ + ___ + ___ = ___

b)

8 + 4 = ___
   2   2

4 + 7 = ___

8 + 3 = ___

5 + 9 = ___

c)

7 + 6 = ___

8 + 6 = ___

6 + 9 = ___

4 + 8 = ___

④ Löse jetzt die restlichen Aufgaben aus ① im Kopf.

① a) Male die Aufgaben mit Zwischenstopp bei 10 an.

14 – 6 = ___	16 – 6 = ___	12 – 8 = ___	15 – 7 = ___	11 – 4 = ___
19 – 9 = ___	18 – 7 = ___	14 – 1 = ___	17 – 5 = ___	13 – 6 = ___

b) Rechne die Aufgaben ohne Zwischenstopp aus.

② Male und rechne.

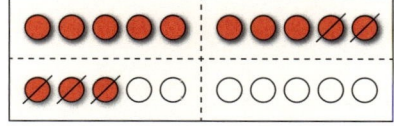

13 – 5 = ___
13 – 3 – 2 = ___

15 – 6 = ___
15 – 5 – ___ = ___

12 – 7 = ___
12 – ___ – ___ = ___

16 – 9 = ___
16 – ___ – ___ = ___

11 – 8 = ___
11 – ___ – ___ = ___

14 – 5 = ___
14 – ___ – ___ = ___

③ Rechne mit einem Zwischenstopp bei 10.

a)

14 – 6 = ___
14 – 4 – ___ = ___

15 – 7 = ___
___ – ___ – ___ = ___

11 – 4 = ___
___ – ___ – ___ = ___

11 – 7 = ___
___ – ___ – ___ = ___

b)

17 – 9 = ___

12 – 8 = ___

13 – 5 = ___

14 – 9 = ___

c)

17 – 8 = ___

16 – 7 = ___

14 – 8 = ___

12 – 5 = ___

④ Löse jetzt die restlichen Aufgaben aus ① im Kopf.

Rechenwege und Rechentricks +

① Welche Verdopplungsaufgabe hilft dir? Schreibe sie auf.

7 + 8 = __   5 + 6 = __   6 + 7 = __   7 + 6 = __

7 + 7 = _____   _____   _____   _____

6 + 5 = __   8 + 9 = __   8 + 7 = __   9 + 8 = __

_____   _____   _____   _____

② Rechne mit einem Zwischenstopp bei 10.

7 + 5 = __   8 + 4 = __   9 + 7 = __   5 + 8 = __

3   2   __ __   __ __   __ __

3 + 8 = __   6 + 8 = __   7 + 4 = __   8 + 6 = __

__ __   __ __   __ __   __ __

③ Nahe an der 10

5 + 9 = __   6 + 9 = __   8 + 9 = __   7 + 9 = __

5 + 10 = __   6 + 10 = __   8 + __ = __   7 + __ = __

9 + 7 = __   9 + 4 = __   9 + 3 = __   9 + 6 = __

10 + 7 = __   10 + 4 = __   __ + __ = __   __ + __ = __

④ Rechne auf deinem Weg. Löse die Geheimschrift.

6 + 8 = 14   ☐ Z   7 + 5 = __   ☐

14 + 4 = __   ☐   4 + 12 = __   ☐

7 + 6 = __   ☐   8 + 7 = __   ☐

13 + 6 = __   ☐   9 + 8 = __   ☐

5 + 6 = __   ☐   4 + 5 = __   ☐

7 + 9 = __   ☐

9 = K	
10 = W	
11 = E	
12 = T	
13 = U	
14 = Z	
15 = I	
16 = R	
17 = C	
18 = A	
19 = B	
20 = D	

 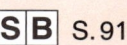

① Rechne mit einem Zwischenstopp bei 10.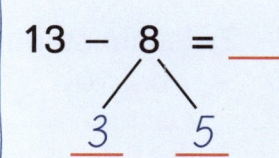

| 13 − 8 = __ | 12 − 7 = __ | 15 − 6 = __ | 17 − 8 = __ |
| 3   5 | | | |

| 15 − 9 = __ | 14 − 8 = __ | 16 − 7 = __ | 12 − 5 = __ |

② Die Hälfte kann dir helfen. Finde jeweils zwei Aufgaben.

| 16 − 8 = __ | 14 − 7 = __ | 18 − 9 = __ | 12 − 6 = __ |

17 − 8 = __   15 − __ = __   __ − __ = __   __ − __ = __

15 − 8 = __   13 − __ = __   __ − __ = __   __ − __ = __

③ Nahe an der 10

13 − 9 = __   15 − 9 = __   14 − 9 = __   18 − 9 = __

13 − 10 = __   15 − 10 = __   14 − __ = __   18 − __ = __

16 − 9 = __   12 − 9 = __   17 − 9 = __   11 − 9 = __

__ − __ = __   __ − __ = __   __ − __ = __   __ − __ = __

④ Rechne auf deinem Weg. Löse die Geheimschrift.

16 − 9 = 7   R   12 − 9 = __ ☐

14 − 8 = __ ☐   13 − 6 = __ ☐

13 − 4 = __ ☐   16 − 12 = __ ☐

17 − 9 = __ ☐   15 − 6 = __ ☐

12 − 6 = __ ☐   11 − 9 = __ ☐

15 − 10 = __ ☐

| 0 = Z |
| 1 = D |
| 2 = K |
| 3 = T |
| 4 = I |
| 5 = N |
| 6 = E |
| 7 = R |
| 8 = H |
| 9 = C |
| 10 = A |
| 11 = M |

Rechentricks:

| Die Hälfte hilft. Das Doppelte hilft. | Nahe an der 10 | Zwischenstopp bei 10 |

① Wie rechnest du? Färbe wie oben: ◯, ◯ oder ◯.

● 7 + 8 = ___
7 + 7 = 14

◯ 16 − 9 = ___
_____

◯ 6 + 8 = ___
_____

◯ 6 + 9 = ___
_____

◯ 12 − 7 = ___
_____

◯ 13 − 6 = ___
_____

◯ 8 + 3 = ___
_____

◯ 13 − 5 = ___
_____

◯ 9 + 8 = ___
_____

◯ 9 + 5 = ___
_____

◯ 14 − 9 = ___
_____

◯ 15 − 7 = ___
_____

② Färbe wie in Aufgabe ① und rechne im Kopf auf deinem Weg.

◯ 17 − 9 = ___   ◯ 15 − 8 = ___   ◯ 5 + 7 = ___

◯ 4 + 8 = ___   ◯ 5 + 6 = ___   ◯ 11 − 6 = ___

◯ 14 − 5 = ___   ◯ 12 − 8 = ___   ◯ 13 − 9 = ___

◯ 9 + 4 = ___   ◯ 7 + 9 = ___   ◯ 7 + 6 = ___

4, 4, 5, 7, 8, 9, 11, 12, 12, 13, 13, 16

Du darfst auch mehrere Gummibänder verwenden.

① Spanne und zeichne:

ein hohes Haus

einen langen Pfeil

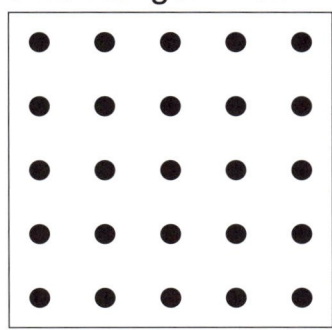

die Zahl 4

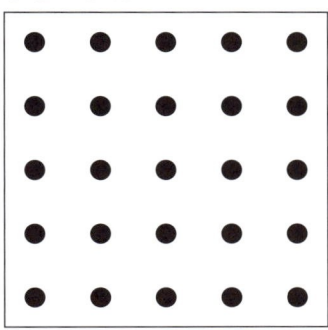

② Spanne und zeichne Quadrate:

das größte

ein kleines

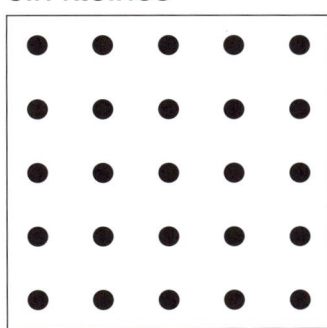

eines in der Mitte

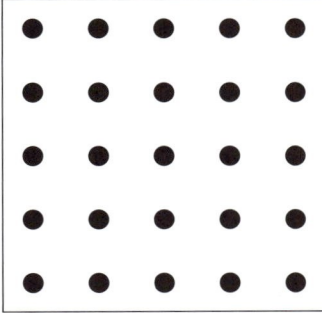

③ Spanne und zeichne Dreiecke:

ein großes

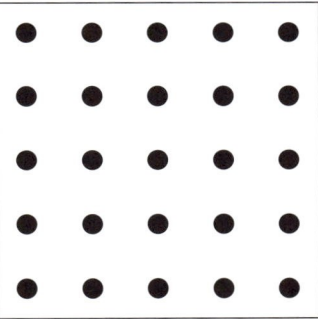

ein kleines

2 gleich große

④ Ziehe das Gummiband immer um einen Nagel nach oben. Zeichne.

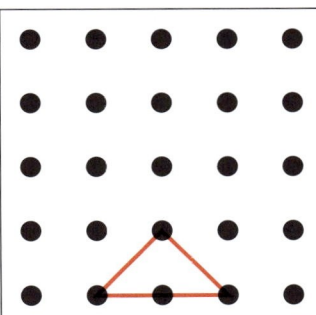

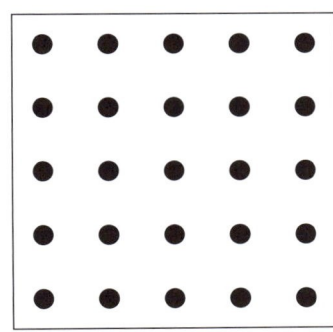

2. Figur

3. Figur

① Färbe die Kugeln so, dass du …

| … keine rote Kugel ziehen kannst. | … immer eine rote Kugel ziehst. | … wahrscheinlich öfter eine blaue als eine rote Kugel ziehst. |

② Bim möchte eine rote Kugel ziehen. Welches Säckchen sollte er wählen? Kreuze an ☒.

③ Simsala hat gezogen und jedes Mal wieder zurückgelegt.
Das waren die Ergebnisse. Welche Säckchen könnten es gewesen sein?

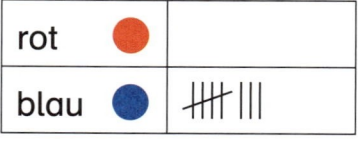

| rot | 🔴 | |
| blau | 🔵 | ‖‖‖‖ ‖‖‖ |

Säckchen ____

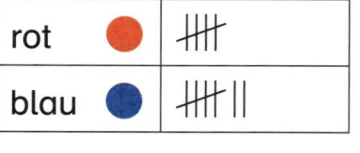

| rot | 🔴 | ‖‖‖‖ |
| blau | 🔵 | ‖‖‖‖ ‖ |

Säckchen ____

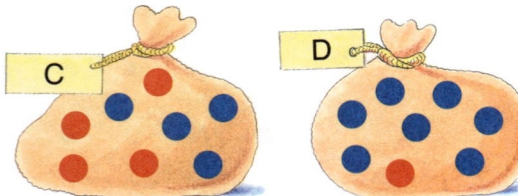

| rot | 🔴 | ‖‖‖‖ ‖ |
| blau | 🔵 | ‖ |

Säckchen ____

| rot | 🔴 | ‖‖‖‖ ‖‖‖ |
| blau | 🔵 | |

Säckchen ____

① Male zuerst. Schreibe dann die Rechnungen und Antworten dazu.

> Jule hat 13 Murmeln.
> Leon legt noch 5 dazu.

> Maximilian hat 17 Aufkleber gesammelt.
> Auf dem Heimweg verliert er 4 Aufkleber.

Rechnung: _____

Rechnung: _____

Antwort:

Jule hat jetzt _____ Murmeln.

Antwort:

Maximilian hat nur noch _____ Aufkleber.

② Finde die passenden Rechnungen.

> Michael legt 12 blaue Steine auf den Teppich. Leon nimmt 3 Steine weg.

Rechnung: _____

> Corinna hat 12 Stofftiere. Beim Losen gewinnt sie noch 3 Tiere dazu.

Rechnung: _____

> Susi hat auf ihrer Kette schon 13 Perlen. 6 Perlen kommen noch dazu.

Rechnung: _____

> Uli und Eva brauchen 15 Bilder. 7 Bilder haben sie schon fertig.

Rechnung: _____

> Anika hat 8 Ballons. Monika hat 5. Wie viele Ballons hat Anika mehr?

Rechnung: _____

> Paul hat 15 Muscheln. Er verschenkt 3 Muscheln.

Rechnung: _____

S B S. 98/99

1 Rechne mit einem Zwischenstopp bei 10.

a)

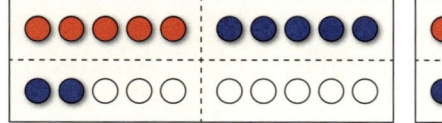

$5 + 7 = \underline{\quad}$ $6 + 5 = \underline{\quad}$ $8 + 4 = \underline{\quad}$

5   2   4   ___ ___

b)

$2 + 9 = \underline{\quad}$ $4 + 8 = \underline{\quad}$ $7 + 9 = \underline{\quad}$

___ ___   ___ ___   ___ ___

c)

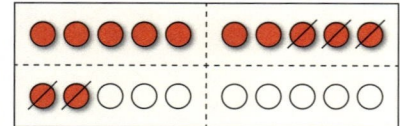 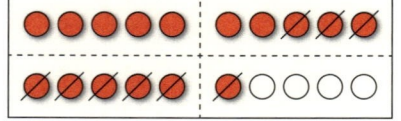 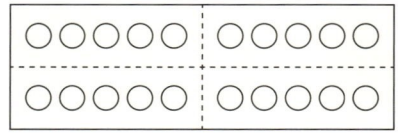

$12 - 5 = \underline{\quad}$ $16 - 9 = \underline{\quad}$ $14 - 5 = \underline{\quad}$

2   3   ___ ___   ___ ___

d)

$15 - 8 = \underline{\quad}$ $13 - 6 = \underline{\quad}$ $17 - 8 = \underline{\quad}$

___ ___   ___ ___   ___ ___

2 Welche Rechnung passt? Kreuze an ☒.

☐ $2 + 10 = 12$

☐ $10 - 2 = 8$

☐ $7 + 2 = 9$

☐ $7 - 2 = 5$

☐ $2 + 4 = 6$

☐ $4 - 2 = 2$

1 Schreibe die Aufgabe und rechne.

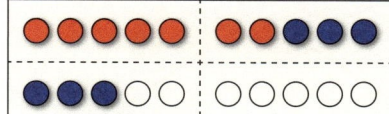

$7 + 6 = \underline{}$

_____

_____

$11 - 2 = \underline{}$

_____

_____

2 Welche Rechnung hilft dir? Rechne.

$7 + 6 = \underline{}$ $8 + 7 = \underline{}$ $8 + 4 = \underline{}$

_____   _____   _____

$13 - 9 = \underline{}$ $14 - 9 = \underline{}$ $12 - 6 = \underline{}$ $14 - 8 = \underline{}$

_____   _____   _____   _____

3 Plus ⊕ oder minus ⊖? Schreibe die Rechnung auf.

Hannes hat
18 Luftballons.
2 platzen.

Lisa hat 16 Perlen.
Sie verschenkt
12 Perlen.

Johann hat
14 Aufkleber.
Oma schenkt
ihm noch 5.

_____   _____   _____

4 Färbe die Kugeln so, dass du …

… nur grüne Kugeln
ziehen kannst.

… keine blauen Kugeln
ziehen kannst.

… wahrscheinlich öfter
eine grüne als eine
blaue Kugel ziehst.

① Male …

… einen Buben | hinter | den 🌳 .   … einen Vogel | auf | die 🌴 .

… einen Ball | auf | die 〰 .   … ein Flugzeug | über | die ⛰ .

… ein Mädchen | in | das 🚪 .   … eine Ente | unter | die 〰 .

… einen Hund | rechts neben | die ⛺ .   Verstecke dich selbst im Bild.

② Wo ist was? Ergänze. | im | auf | hinter | zwischen |

Der Affe ist [＿＿＿＿＿] dem  .

Die Hängematte ist [＿＿＿＿＿] den  .

Die Katze ist [＿＿＿＿＿] der  .

Die Ente ist [＿＿＿＿＿] .

Vergleicht eure Bilder in der Klasse.

③ Wo könnte ein Schatz versteckt sein? _____

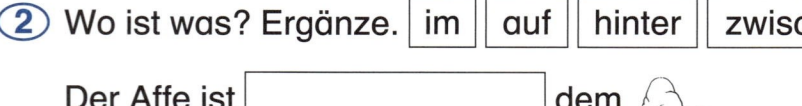

72

① Wo kommst du an? Zeichne den Weg und male das Ziel.

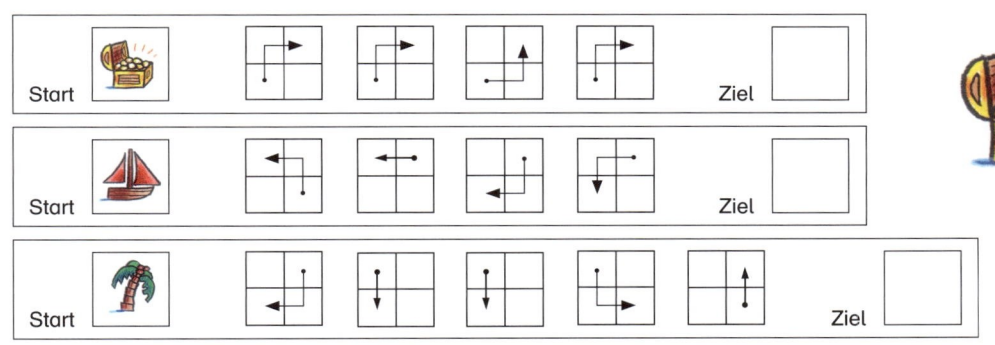

② Welcher Weg ist der richtige? Kreuze die Tanne an **X** .

⭐ ③ Wo ist der Start? Zeichne ein.

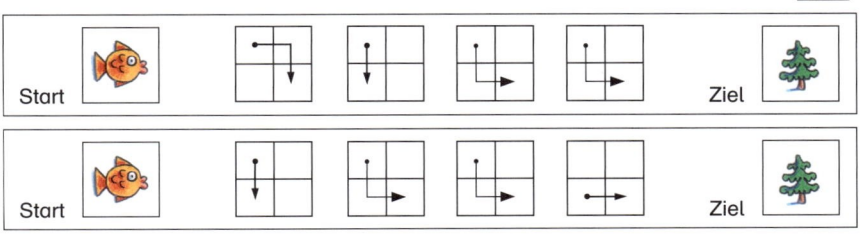

73

S B S. 102/103

Das sind 15 Euro.

① Wie viel Geld ist es? Trage ein.

 __ €

 __ €

 __ €

 __ €

 __ €

 __ €

 __ €

 __ €

② Male die Geldbeträge.

 7 €

 5 €

 9 €

 14 €

 6 €

 13 €

 18 €

 12 €

Denke dir selbst Geldbeträge aus. Male sie in dein 📖.

③ Immer 3 Münzen sind in einem Geldbeutel. Wie viel Geld kann es sein?

 __ €

 __ €

 __ €

 __ €

Unser Geld: Euro (€) ②

① Vergleiche mit >, <, =.

 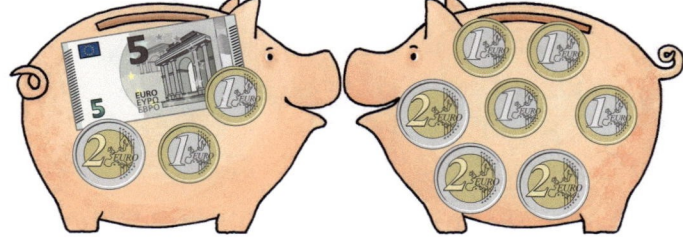

6 € > 5 €   ____ ◯ ____

____ ◯ ____   ____ ◯ ____

② In einem Sack sind immer 10 €.

Überlege zuerst. Du kannst auch Geld zu Hilfe nehmen.

③ In einem Sack sind immer 9 €.

6 €   3 €   4 €   2 €

① Wie viel musst du bezahlen? Schätze zuerst. Überprüfe dann durch Nachrechnen.

6 € + ___ € = ___ €

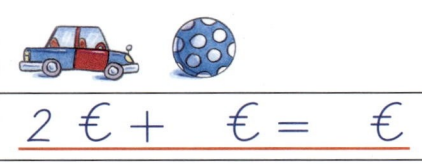
2 € + ___ € = ___ €

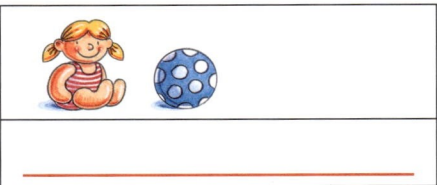

② Wie kannst du bezahlen? Male.

> Überlege: Welche Münzen und Scheine gibt es?

___ €	

___ €	

___ €	

___ €	

③ Wie viel bekommst du zurück?

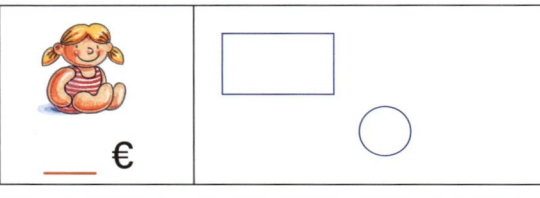	Ich gebe:	Ich bekomme zurück:
___ € + ___ € = ___ €	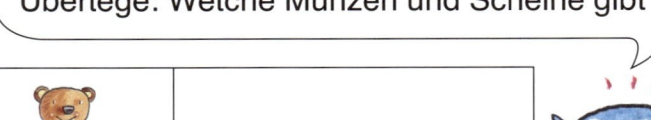	10 € − ___ € = ___ €
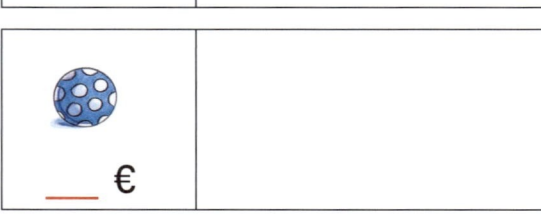 ___ € + ___ € = ___ €	10	___ € − ___ € = ___ €
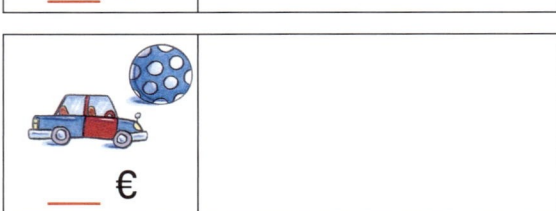 ___ € + ___ € + ___ € = ___ €	10	___ € − ___ € = ___ €

76

① Wie viel Geld ist es? Trage ein.

 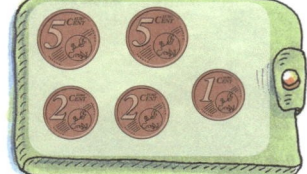  

___ ct   ___ ct   ___ ct   ___ ct

___ ct   ___ ct   ___ ct   ___ ct

② Male die Geldbeträge.

15 ct   8 ct   19 ct   12 ct

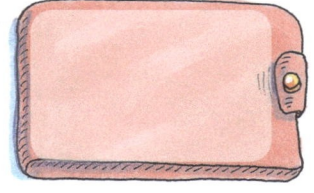  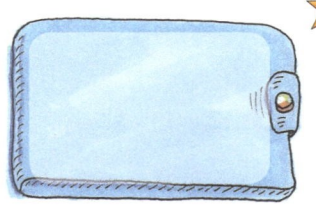 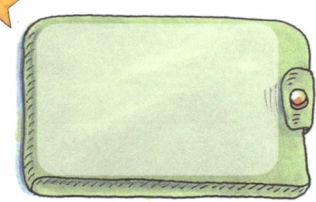

20 ct   13 ct   3 ct   25 ct

 Denke dir selbst Geldbeträge aus. Male sie in dein ▱.

③ Welche Münzen fehlen? Ergänze sie.

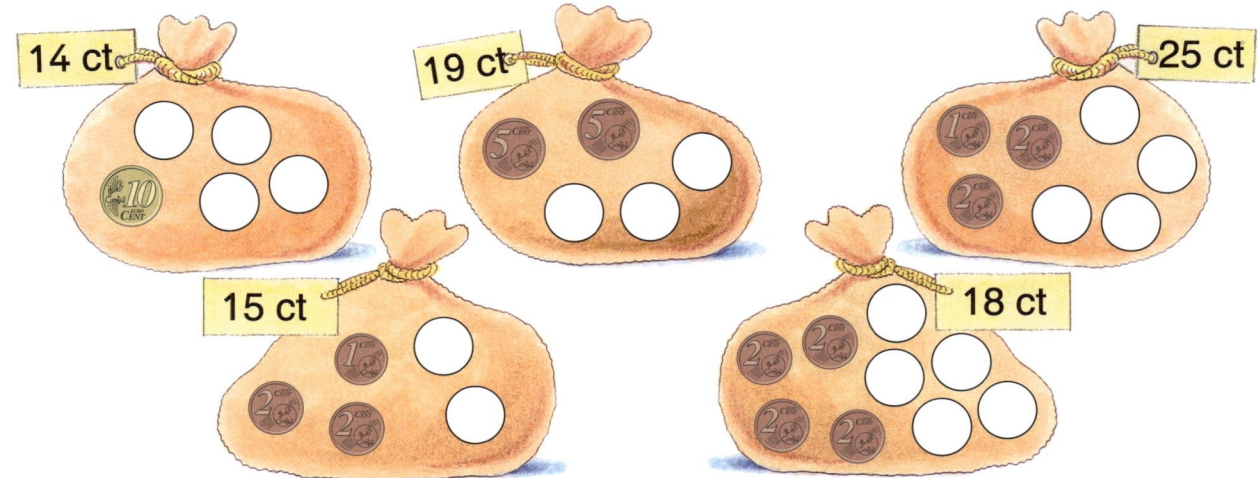

14 ct   19 ct   25 ct

15 ct   18 ct

Vorwärts und rückwärts auf dem Rechenstrich

S B S. 108/109

① Springe vorwärts und rückwärts. Schreibe die passenden Rechnungen auf.

a)
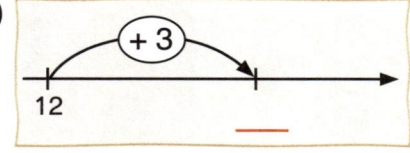

12 $\boxed{+3}$ = ___

b)
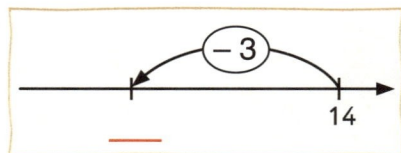

14 $\boxed{-3}$ = ___

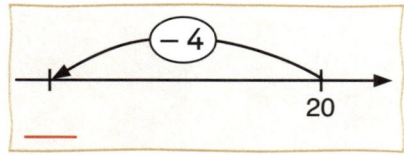

20 $\bigcirc$ = ___

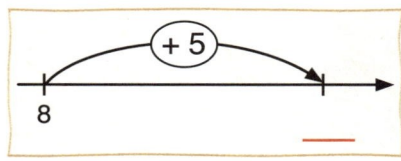

8 $\bigcirc$ = ___

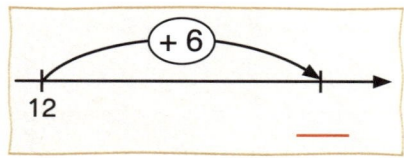

12 $\bigcirc$ = ___

10 $\bigcirc$ = ___

② Springen und umkehren:
Schreibe Aufgabe und Umkehraufgabe auf.

Sprung	Aufgabe	Umkehraufgabe
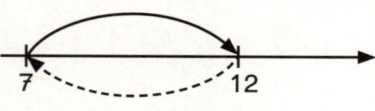	7 + 5 = 12	12 − ___ = 7
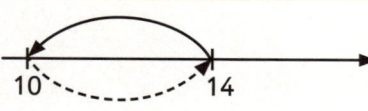	14 − ___ = 10	___ + ___ = 14
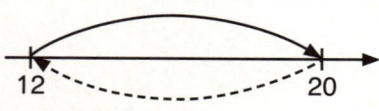	12 + ___ = ___	___ − ___ = 12
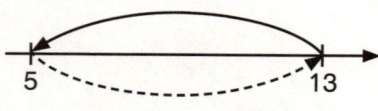	13 − ___ = ___	___ + ___ = 13

③ Finde die Startzahl. Die Umkehraufgabe hilft.

___ + 3 = 10
10 − ___ = ___

___ + 6 = 11
11 − ___ = ___

___ − 4 = 9
9 + ___ = ___

___ − 2 = 8
8 + ___ = ___

78

Zahlenzauber 1 – Arbeitsheft © 2016 Cornelsen Schulverlage GmbH, Berlin. Alle Rechte vorbehalten.

① Wie viele Murmeln waren zu Beginn im Sack?
Schreibe die Rechnungen auf.

Wie lautet jeweils die Antwort?

a)

Ich habe einige Murmeln im Sack.
Ich gebe 10 Murmeln dazu. Jetzt habe ich 19 Murmeln.

Ich habe einige Murmeln im Sack.
Ich nehme 5 Murmeln heraus. Jetzt habe ich 15 Murmeln.

Ich habe einige Murmeln im Sack.
Ich nehme 7 Murmeln heraus. Jetzt habe ich 12 Murmeln.

R: ___ + 10 = 19   R: ___ − 5 = 15   R: ___ − 7 = 12

b)

Ich habe einige Murmeln im Sack.
Ich nehme 3 weg. Jetzt habe ich 16.

Ich habe einige Murmeln im Sack.
Ich gebe 8 dazu. Nun habe ich 11.

R: ___ − 3 = 16   R: ___ + 8 = 11

c)

Ich habe einige Murmeln im Sack.
Ich gebe 9 dazu. Nun habe ich 20.

Ich habe einige Murmeln im Sack.
Ich nehme 11 heraus. Nun habe ich 5.

R: ___ + 9 = 20   R: ___ − 11 = 5

⭐ d)

Anna bekommt 5 Murmeln von Susi und 6 Murmeln von Lisa. Jetzt hat sie 20.

Franz bekommt 6 Murmeln von Andreas. 3 Murmeln verschenkt er. Jetzt hat er 14.

R: ___ + 5 + 6 = 20   R: ___ + 6 − 3 = 14

Überprüfe alle Aufgaben von ① durch Nachrechnen.

② Rechne.

___ + 4 = 17	___ − 7 = 13	___ + 7 = 12	___ − 6 = 12
___ + 9 = 11	___ − 5 = 12	___ − 8 = 8	___ + 6 = 12
___ + 8 = 19	___ − 6 = 9	___ + 9 = 14	___ − 6 = 6

① Was ist passiert? Erzähle und schreibe eine passende Rechnung auf.

a)

Es sind 19 Murmeln im Sack. ★Simsalabim★. Nun sind es 3.	Es sind 15 Murmeln im Sack. ★Simsalabim★. Nun sind es 7.

R: 19 _____ = 3   R: 15 _____ = 7

b)

Es sind 17 Murmeln im Sack. ★Simsalabim★. Nun sind es 8.	Es sind 14 Murmeln im Sack. ★Simsalabim★. Nun sind es 19.

R: _____   R: _____

Überprüfe durch Nachrechnen.

② Löse die Rätsel.

a)

Ich habe einige Murmeln im Sack. Ich gebe 4 dazu. Nun habe ich 11. Wie viele waren es am Anfang?	Es sind 14 Murmeln im Sack. ★Simsalabim★. Nun sind es 5. Was ist passiert?

R: _____   R: _____

b)

Es sind 9 Murmeln im Sack. ★Simsalabim★. Nun sind es 19. Was ist passiert?	Ich habe einige Murmeln im Sack. Ich nehme 3 weg. Jetzt habe ich 4. Wie viele waren es am Anfang?

R: _____   R: _____

Überprüfe durch Nachrechnen.

③ Rechne. Denke dabei an die Geschichten mit dem Murmelsack.

a)
___ + 3 = 8
___ + 5 = 12
17 − ___ = 9
___ − 9 = 11
4 + 8 = ___

b)
18 − 3 = ___
___ − 12 = 6
17 + ___ = 20
20 − ___ = 3
___ + 7 = 14

c)
3 + ___ = 11
___ − 2 = 19
___ + 5 = 15
___ + 4 = 17
13 − ___ = 8

80

Uhrzeiten

① **Trage beide Uhrzeiten ein.**

 *17.00* Uhr _____ Uhr _____ Uhr _____ Uhr _____ Uhr

 *5.00* Uhr _____ Uhr _____ Uhr _____ Uhr _____ Uhr

_____ Uhr _____ Uhr _____ Uhr _____ Uhr _____ Uhr

_____ Uhr _____ Uhr _____ Uhr _____ Uhr _____ Uhr

② **Trage die Zeiger in die Uhren ein.**

 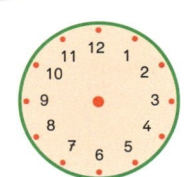 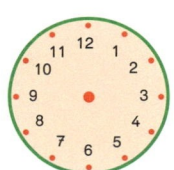 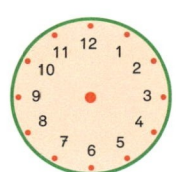 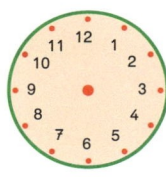

9.00 Uhr 13.00 Uhr 18.00 Uhr 10.00 Uhr 20.00 Uhr

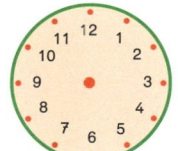 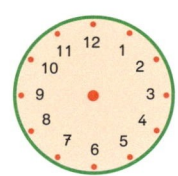 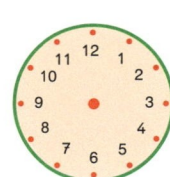 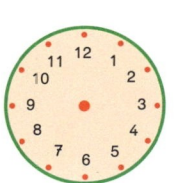 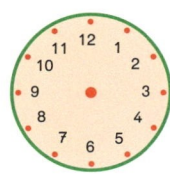

16.00 Uhr 3.00 Uhr 17.00 Uhr 12.00 Uhr 23.00 Uhr

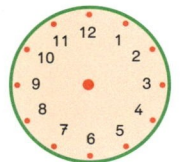 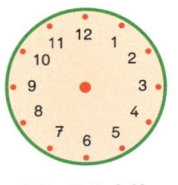 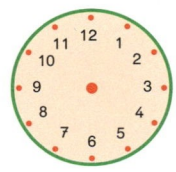 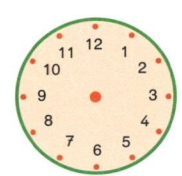 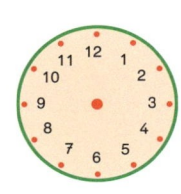

6.00 Uhr 19.00 Uhr 8.00 Uhr 11.00 Uhr 2.00 Uhr

① Ein Haus – viele Möglichkeiten
Du hast diese Dreiecke …   und diese Quadrate …

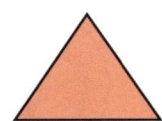 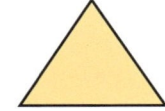    

Wie viele verschiedene Häuser kannst du damit legen? Vermute: _____

Male an.

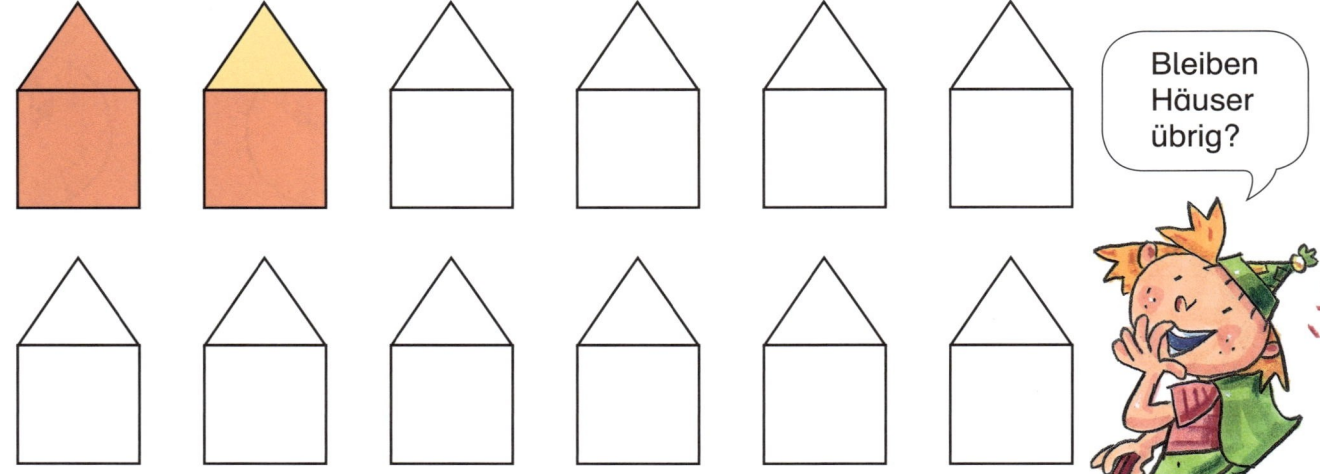

Bleiben Häuser übrig?

② Stefan hat 3 kurze Hosen und 4 T-Shirts.

Welche verschiedenen Kombinationen kann er anziehen? Male an.

Knobelelefanten

1 Trage die fehlenden Zahlen ein.

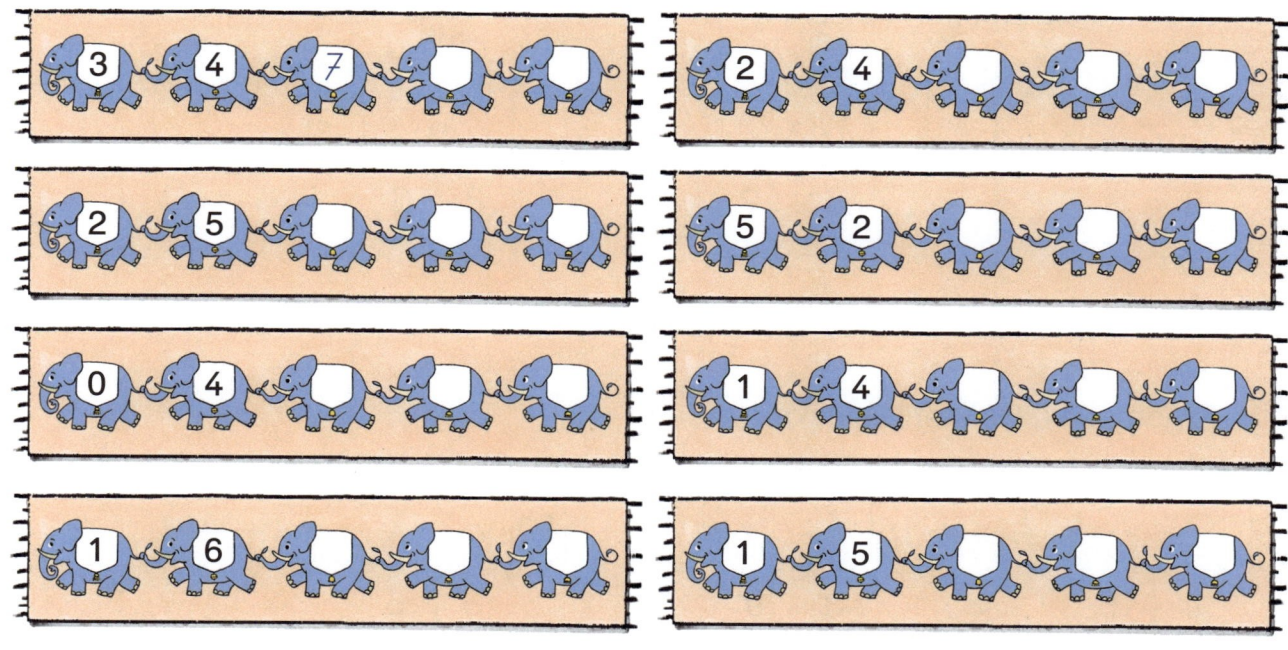

2 Knobelelefanten

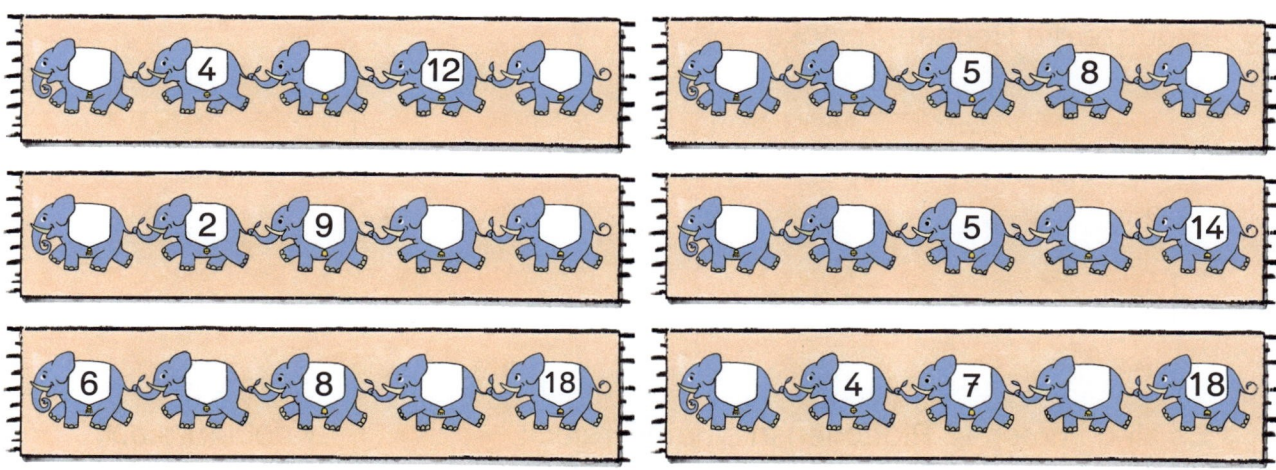

3 Immer 18: Wie viele Lösungen findest du?

0	9	9	18

_____ _____ _____ _____ _18_

_____ _____ _____ _____ _18_

_____ _____ _____ _____ _18_

_____ _____ _____ _____ _18_

			18

_____ _____ _____ _____ _18_

_____ _____ _____ _____ _18_

_____ _____ _____ _____ _18_

_____ _____ _____ _____ _18_

Rechendreiecke

1 Ergänze die Rechendreiecke.

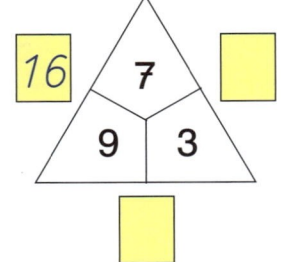
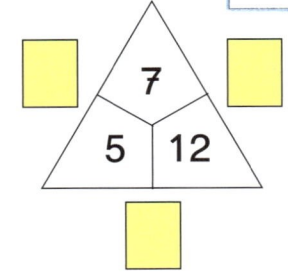
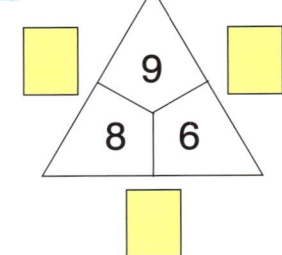
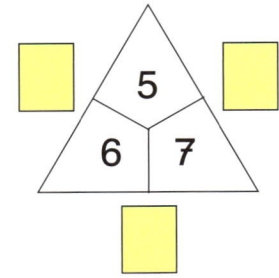

2 Ergänze die Rechendreiecke.

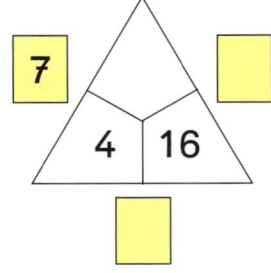
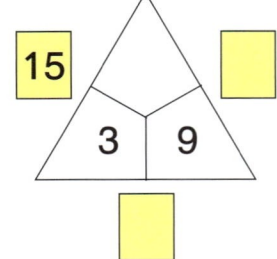
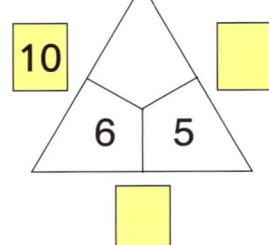
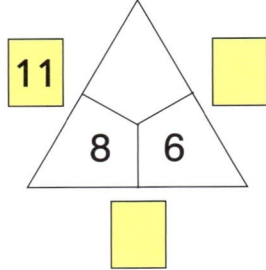

3 Ergänze die Rechendreiecke.

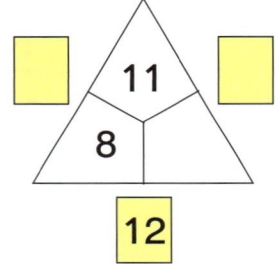
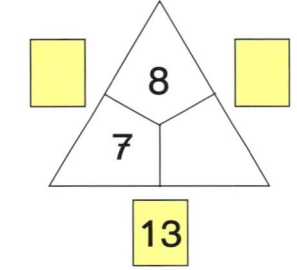
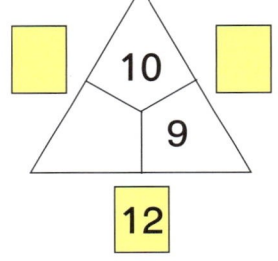
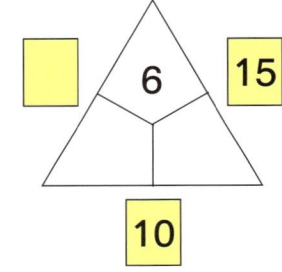

4 Es sind immer 12 Plättchen in einem Dreieck.

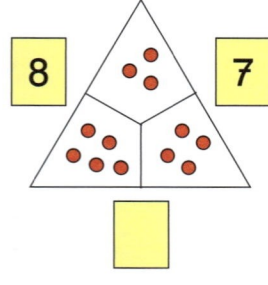
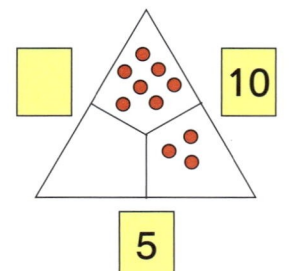

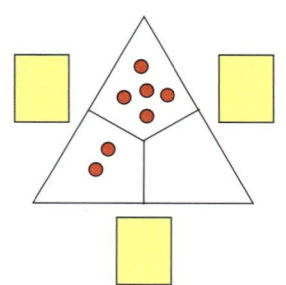
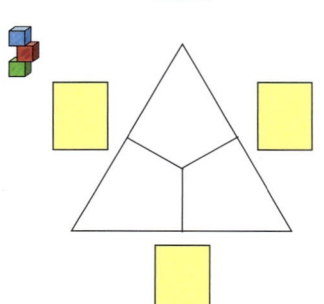

⭐ **5** Knobeldreieck

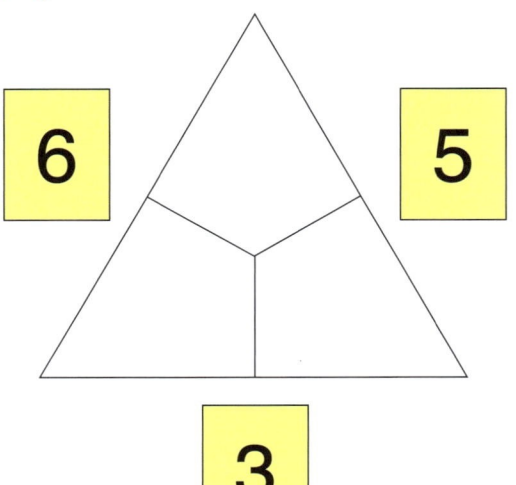

Auf dem Planeten der Mathener

① Baue die Mathener fertig.

② Diese Figuren wollen Mathener werden.

③ Mathener-Zwillinge gesucht.

a)

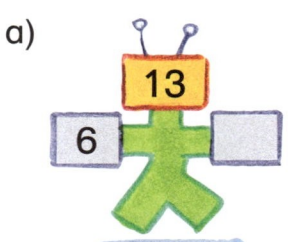 

b)

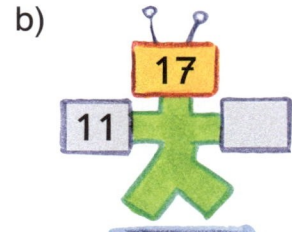 

c)

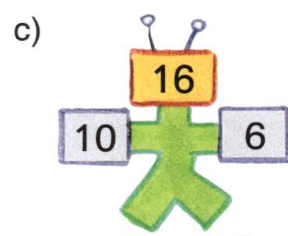 

d)

④ Ufos der Mathener

Erfinde weitere Ufos in deinem 📖.

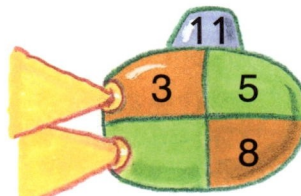 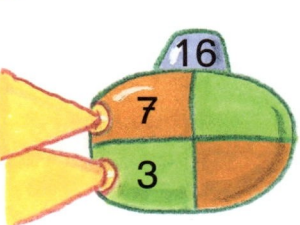  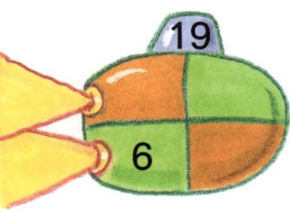

1 Verdopple.

2 + 2 = __   4 + 4 = __

8 + 8 = __   7 + 7 = __

6 + 6 = __   9 + 9 = __

Halbiere.

18 = __ + __   14 = __ + __

10 = __ + __   8 = __ + __

12 = __ + __   16 = __ + __

2 Zerlege.

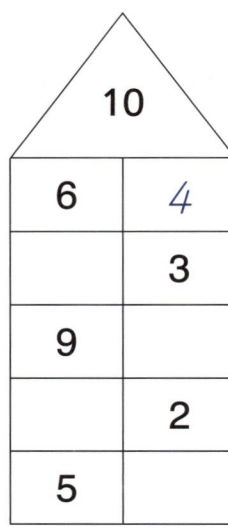

10	
6	4
	3
9	
	2
5	

12	
10	
	9
7	
	8
6	

16	
8	
	9
14	
	10
3	

18	
9	
	12
11	
	5
15	

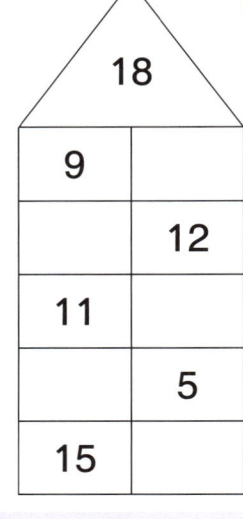

Du kannst auch weitere Häuser in dein 📖 schreiben oder diese Häuser im 📖 verlängern.

3 Kleine und große Aufgaben

6 + 3 = __   5 + 4 = __   7 + 2 = __   3 + 7 = __

16 + 3 = __   15 + 4 = __   17 + 2 = __   13 + 7 = __

9 − 7 = __   6 − 5 = __   4 − 3 = __   8 − 5 = __

19 − 7 = __   16 − 5 = __   14 − 3 = __   18 − 5 = __

4 Über den Zehner: Rechne auf deinem Weg.

9 + 6 = __   8 + 4 = __   14 − 7 = __   11 − 8 = __

7 + 8 = __   9 + 4 = __   18 − 9 = __   14 − 9 = __

6 + 8 = __   7 + 6 = __   16 − 8 = __   16 − 7 = __

8 + 5 = __   7 + 4 = __   17 − 9 = __   15 − 6 = __

Zahlenzauber 1 – Arbeitsheft © 2016 Cornelsen Schulverlage GmbH, Berlin. Alle Rechte vorbehalten.

1 Wie viel Geld ist es? Trage ein.

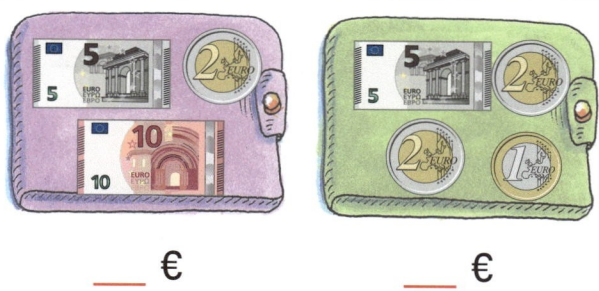

__ €   __ €

2 Ergänze.

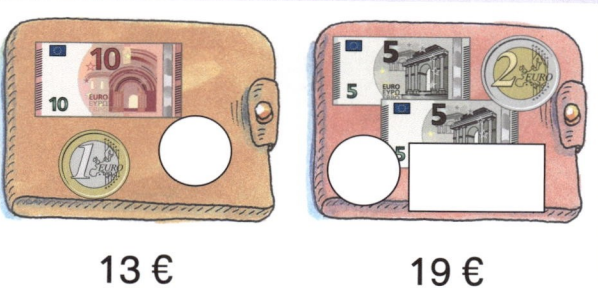

13 €   19 €

3

a) Wie viel musst du bezahlen?

5 € + __ € = __ €

b) Wie viel bekommst du zurück?

🏐 ✏️	Ich gebe:	Ich bekomme zurück:
__ € + __ € = __ €	20	20 € − __ € = __ €

🧸 🚗	Ich gebe:	Ich bekomme zurück:
__ € + __ € = __ €	5 10	__ € − __ € = __ €

4 Löse die Rätsel. Schreibe die Rechnung auf.

Es sind
8 Murmeln
im Sack.
★Simsalabim!★
Nun sind es
19 Murmeln.

Ich habe einige
Murmeln im Sack.
Ich nehme 9 Mur-
meln heraus.
Jetzt habe ich
5 Murmeln.

Es sind
13 Murmeln
im Sack.
★Simsalabim!★
Nun sind es
4 Murmeln.

__ ◯ __ = __   __ ◯ __ = __   __ ◯ __ = __

1 Gleiche Zeichen stehen für die gleiche Zahl. Trage die fehlenden Zahlen ein.

$4 + 🥨 = 🍎$

$4 + \_\_ = \_\_$

$5 + ☁ = 🎉$

$5 + \_\_ = \_\_$

$🎉 - 2 = 🥨$

$\_\_ - 2 = \_\_$

$12 - ☁ = 8$

$12 - \_\_ = 8$

$🎉 + 7 = 🐌$

$\_\_ + 7 = \_\_$

$🐌 - 5 = 🍎$

$\_\_ - 5 = \_\_$

2 Zahl gesucht!
Tipp: Streiche die Luftballons durch, die es nicht sein können!

1 2 3 4 5 6 7 8 9 10

Die Zahl ist gerade.

Verdoppelst du die Zahl, ist das Ergebnis größer als 8.

Halbierst du die Zahl, liegt das Ergebnis zwischen 2 und 4.

3 Schwarzes Schaf! Welche Zahl passt nicht dazu? Kreise sie ein.

2 18 7 6 12

12 15 8 13 18

1 3 7 5 14

4 Geheimschrift: gleiches Symbol – gleiche Ziffer

$⭐ + ⭐ = 🔺 ✏$

$\_\_ + \_\_ = \_\_$

$❤ + ❤ = 🍬$

$\_\_ + \_\_ = \_\_$

$🔺 + 🔺 = ❤$

$\_\_ + \_\_ = \_\_$

$🔺 + ✏ = 🔺$

$\_\_ + \_\_ = \_\_$

$🔺 ✏ - 🍬 = 🌸$

$\_\_ \_\_ - \_\_ = \_\_$

$🌸 - 🔺 = ⭐$

$\_\_ - \_\_ = \_\_$